仁

中華文化基本讀本—論語

孫文學校◎編著

序：學習做個君子

隨著台灣的民主化，歷史、文化、思想教育也發生了顛覆性的巨大變化。經過三十年從量變到質變的過程，現在國人應已了解，這股以「自由化」、「多元」爲名的教育改革浪潮，其眞正的本質是要「去中華民國化」、「去中國史化」、「去中華文化」、「去立國思想化」的政治運動。

孫文學校將出版「松、竹、梅、蘭」文史哲叢書，分別爲《本國史基本讀本》（松）、《中華文化基本讀本》（竹）、《孫文思想基本讀本》（梅）、《台灣史基本讀本》（蘭）四套書，塡補台灣已經逐漸失去的中華歷史觀、中華文化觀與立國思想，以期留下不致消亡的火種。

《中華文化基本讀本》這套書，分爲三冊，包含了中華文化傳統中儒家、道家與佛教三個部分的最基本典籍。儒家部分以「四書」選讀爲基本，分爲兩冊，包括第一冊《論語》，第二冊《孟子》，內容包括《孟子》、《大學》、《中庸》。

「四書」在這個時代是存在爭議性的，批評者常說由於明清科舉就是以四書爲準，這是一種封建思想的殘存，也有人說四書會壓抑多元性的思想，但我們認爲無論如何，四書仍是最能傳達儒家思想，而且最爲基本的精華所在。能夠讀好四書，就足以掌握儒家的精義，並且熟習中國傳統的價值觀，這對涵養中國人的基本品格，絕對重要。

衆所周知，晚至宋代，「四書」才成爲經典。可見得並不因爲它們出於孔子或是儒家之手，就理所當然地被當成經典。應該說，直到學者們理解到，「四書」繼承並含括了「五經」這些原始的文化經典的核心價值，並且具有一種無可取代的關鍵作用，能夠帶領並引導中國這一文化體，進入完足的「道德倫理的意義世界」，到那時候，「四書」才被推崇而成爲經典，而且立刻在經典的階序中後來居上。

以「四書」作爲中華文化的基本教材，自然也不是爲了灌輸儒家的價值體系，而是要經由它來深刻認識中華文化的倫理思考，並與自身的生命進行對話，從而能自覺地辨識傳統文化裡的核心價值，看到傳統和現代的種種關聯。這一教育非但不希望壓抑多元性和現代性，相反地，我們認爲唯有在學好這種與「核心經典」對話的能力之後，才眞能學好其他的價值與文化，也才能眞正認識多元價值的可貴。這就像我們必須學好母語一樣，學好了母語，不但不會影響我們學習其他語言，而且還能幫助我們更好的學習外語。一位現代的中國人，當然有必要學習各種現代文化的內涵，但請大家務必了解，只有在對傳統文化有了比較深刻的認識後，我們才會更有能力去分辨其他文化的好壞呦烈，以及它們對我們的作用。這也是我們之所以要出版《中華文化基本讀本》的原因所在。

「四書」雖然代表了一個價值體系，但並不意味它只能與特定的歷史時空連結。其實，歷史上本來就沒有一個全然固定的儒家價值體系。如同孔子早就指出的：「殷因於夏禮，所損益可知也；周因於殷禮，所損益可知也；其或繼周者，雖百世可知也。」儒家價值歷代都有變化，今人對於過時的儒家價值，當然可以繼續因革損益，不必拘守。重要的是，只有當我們具備了與意義對話的能力，才眞的擁有進行「損益」的資格。如果沒有文化的根，人生猶如飄盪的浮萍，即使想把握住意義，也都將是空談。

如果有人說：「學了四書就不會變壞」，那我們只能說：「把它當句廣告詞吧！」這全然不是我們的主張。可是，無論曾有多少熟讀四書的壞蛋產生，都無法改變「四書」在中華文化的世界中，無可取代的教育功能。

中國傳統思想當然並不止於儒釋道這三家，然而對形塑中國人的價值觀、人生觀與最基本的文化意識而言，大概不出於這三家，我們可以這麼說，這三家思想就是代表我國傳統的「文化母語」，它們的重要性就如同我們每個人從小學習的母語一樣，沒有它們，我們其實是無法認識陪伴著我們的整體文化環境的。

《中華文化基本讀本》的第一、二冊儒家部分，乃是根據台灣目前最傑出的一群儒學研究者，以及一群有豐富經驗與學養的高中教師所編纂的教材略作修改補充而成。這套教材可能是歷來相關教材中最富創意與水準的作品，但在編成之後，一直沒有管道向外傳播，實在非常可惜。爲免珠玉横遭委棄，我們特別取其精華，並不計成本代爲發行傳播，希望能讓這群可敬編者的苦心孤詣，爲世人所見，想他們也會樂於看到自己辛苦的耕耘，能夠在所有讀者心中開花結果！

《論語》、《孟子》兩書總共二十四個單元，是在同一個架構下設計的。而這個架構的基礎，是我們嘗試著將《四書》貫串起來的一項原則：君子之學。

「君子」這一課題，本來就是《論語》一書的主軸，更是孔子終身關懷與實踐的目標。孔門師弟子的所有討論與指點，幾乎都環繞著如何成就君子。對現代學生來說，「君子」這一名詞並不算流行，但君子的人格，其實還是他們容易感受，也可以納入生命實踐的典型。所謂君子，最基本的特質，就是胸懷坦蕩而懂得自重的人。只要喚起每個人的共鳴，打從心底願意眞正認識自己、看重自己並且引導自己，就足以成爲君子之學的開端。用這樣的主軸來認識《論語》，無疑是順適妥當的。基於這個考量，《論語》也自然要成爲本讀本的起點。

這個原則貫串到第二冊《孟子》時，適不適合呢？由於時代因素，孟子作爲一位游士的領袖，周旋在列國的廟堂之上，經常以滔滔雄辯來勸說各國國君行使仁政，「君子」似乎並沒有成爲他論述中一貫的主題。但是這個問題不難解決，事實上，宋明理學家早已爲我們鋪平了這條路。他們指出，孟子關於人的本心與性善的啓發，乃是對孔子論「仁」的詮釋和提煉，因此，也爲君子人格的人性基礎與養成方法，作出深刻而有理論性的詮釋。所謂「孟子十字打開」，其意在此。此外，孟子對時代責任的承擔，對「仁政」和「王道」的闡發，既是君子人格的推拓擴充，也是仁心善性的關懷實踐，都屬於君子「成物」之學的內容。因此，以《孟子》接續《論語》，共同作爲教材的主體，是順理成章的事。

在《論語》與《孟子》之後，我們先選讀《大學》，再討論《中庸》。誠如許多學者所指出的，《大學》指出來的「大人之學」是一套「成德之教」的整體規模，這套規模的基礎很寬，似乎可以適用在不同立場的儒家義理進路中。其中「格物」、「致知」、「誠意」、「正心」、「修身」，是「成己之學」的次第；「齊家」、「治國」、「平天下」，則爲「成物之學」的拓展。而且，「明明德」和「親民」已經指出了這兩個面向。兩方面結合起來，與君子的「成己」、「成物」之學吻合無間。在學過《論語》和《孟子》之後，讀《大學》有如提綱挈領的回顧，並藉著「大學之道」再次提醒生命之學所含有的廣大而全面的關懷。

《中庸》放在最後，可以展現君子「下學而上達」、由生命內在通貫到意義世界的學問理想。《中庸》由「誠」出發，在「庸言庸行」上著力，這是君子「成己之學」的起步；由此直接相契於超越的天道，則作爲成德之教所嚮往的最高境界。對這種「極高明而道中庸」的認識理解，是很特別的挑戰。然而，個人生命與永恆意義的連結，無疑是許多人深有所感、無可迴避的價值議題，這種感受不拘於時代的古今和年歲的老少，許多青少年的心中也會存在著這樣的盼望和疑惑。因此，我們嘗試以深入淺出的方式，運用現代生活世界的例證，表達給學習者了解。希望可以提供現代的學習者一個以君子人格爲核心，與傳統經典進行意義對話的學習模式。

《中華文化基本讀本》第三冊分爲「道」與「佛」兩個部分。道家的部分，則選錄了老子與莊子的部分篇章。以老子與莊子來代表道家思想，乃是學者的基本共識，道家思想在中國傳統中的作用，與儒家作爲中國社會基本價值觀或有不同，道家思想更多的部分是在傳統中國人的人生觀上，扮演著一種潤滑的作用，使我們可以用更自在的觀點來面對人生的曲折起落，這也是道家思想最重要的作用。

佛教的部分，基本選錄了釋迦牟尼佛在阿含經的一些根本說法，以及流傳於中國社會最廣爲人知的經典，希望以此使讀者能對影響中國社會巨大的佛教思想，有一基本的認識。佛教思想雖然是外來的，但傳入中國兩千年，它早已與中國人的價值觀、人生觀融爲一體，也早已成爲我國文化內在的一部分。認識基本的佛教思想，對於每位中國人的基本品格而言，也是有其重要性。

《中華文化基本讀本》是我們孫文學校作爲中華民族一分子，對傳統文化所表達的一點心意。文化命脈原本如長江大河，浩浩湯湯，本不是任何人所可輕易摧折，但我們還是不忍心看到這時代一些跳樑小丑的魯莽滅裂，還希望我們這一點點微薄的努力，終能在更多中華兒女的心中播撒下文化的種子，讓我們的傳統文化能「不廢江河萬古流」！

本書的出版，承謝大寧教授、段心儀老師及多位學術界好友協助甚多，特此致謝。

孫文學校總校長

張亞中 謹識

目錄

第一單元

一位君子的誕生

他有一個夢

那一天黃昏，一位深具智慧的老人漫步於夕陽餘暉裡。他突然長嘆了一聲，說道：「我的志氣難道衰弱到這個地步嗎？已經有好一段日子沒夢見周公了。」這眞是頗堪玩味的話語。我們從小就有各種各樣的夢想，當然多數夢想可能是自己欲望的投射，但其中一定也含著某些「生命理想」的成分，而這些生命理想可能就成爲形塑我們人格的重要元素。然而我們是不是想過：這些理想的內涵究竟是什麼？我們能夠爲這些理想付出多少心力？這個理想又能維持多久？也許你想要成爲比爾・蓋茲（Bill Gates）、賈伯斯（Steve Jobs）；也許你也想成爲張忠謀、馬雲。這都是理想，也是夢想。其中有你的企圖心，也有時代的影子，而我們這個時代的英雄就是這些創業有成的企業家。但每個時代的英雄並不都如此，它常有著不同的形貌。比如說拿破崙（Napoléon Bonaparte）就曾是歐洲人的共同英雄，古老的希臘戰神阿基里斯（Achilles）也曾是偉大的亞歷山大（Alexander）大帝畢生的偶像。然而我們前面說的這位老人家爲什麼會以周公爲偶像，而且畢生嚮往，到老來氣血已衰，做不了夢了，還爲此而滿懷感慨呢？這個問題其實涉及了主觀與客觀兩個面向。客觀來說，的確，在這位老先生的時代裡，周公就是時代精神的重要代表。周朝的天下是周武王打下來的，但周朝之所以能夠綿延八百年，成爲中國歷時最久的王朝，它所憑藉的就是由周公參與開創並奉行實踐，以「宗法」爲骨幹的新禮樂制度（廣義的禮樂當然自夏、商就有，但周朝的禮樂制度特別具有意義，也和後世最有關聯。當然這套制度也非一成不變，後世仍不斷發展變化）。這可以說是中國早期文化相當偉大的創造，所以周公當然可以成爲代表時代精神的風雲人物、文化英雄。我們可以相信，這位老人家應該很早就受到了周公這位風雲人物的感召，這其實就是「時代風會」吧！雖然這位老人家的時代距離周公已有五、六百年之久了，而主觀來說，這種追攀風雲人物的夢想，如果意涵豐富，而崇拜者的理想性也夠強韌，那是有可能讓人興發起願景，並全力以赴的。而這位長者爲實現他一生的夢想，就爲我們做了精采的示範，他在周公這位文化英雄的引導下，展現了一個什麼樣的人生呢？

第一節　君子的人格陶養

這位長者的確是在「周代禮樂（周文）」的引導下，開始了他波瀾壯闊的人生旅途。是的，他就是孔子，一位生不逢時的貴族後代。

一、少年孔子

在那個封建體制已漸趨於崩毀的時代，一個沒落的貴族其生活常常是相當困頓的。當他失去經濟優勢，就只能在社會基層掙扎存活，所以他曾經如此說：「我小時候地位卑賤，因此我學會了很多謀生的技能。」（**吾少也賤，故多能鄙事。**）但貴族的出身，畢竟讓他從生命深處就帶著一些高貴的盼望。對這樣一個卑微但懷抱奮鬥向上之人生觀的青年，爲自己找回高貴的理想，就很自然成爲了他人生的渴望與嚮往。毫無疑問，對當時的任何年輕人而言，貴族的「禮樂生活」，就是高貴的代名詞，就像今天人們追求的名校和學位一般。貴族的身分是高貴的，他們叫做「君子」，而一般平民當然就是「小人」了。所以學習禮樂，無疑也成了人們得以晉身高貴階級的象徵。從這個角度來說，和周代禮樂有如此密切關係的周公，當然有可能就因此成了年輕人崇拜的英雄人物。然而周公的「制禮作樂」因沿革幾百年，降至孔子那個時代，也不免淪於表面社交生活的裝飾，而由此帶來的「高貴感」也可能只是一種自矜身分的「虛驕」而已。這種意義的差別，對年輕人而言，正是有待他去分辨的，你究竟只是要做一個「身分上的君子」，並以此來努力把自己改造成具有「高貴身分」

的人呢？還是能夠意識到這種改造只是一種浮淺的欲望，一種只爲了自私的目的而進行的努力呢？要做出正確的分辨，是很不容易的，而這也正是學習的最核心工作。於是我們清楚看到了，孔子這位窮困卑微的年輕人，正是全心投入了這樣的學習，他沒有停滯在一些浮面的禮樂儀文上，而是試圖去聽、去看、去觀察、去反省：什麼才是眞正的禮樂精神之所在？

二、孔子的學習對象：叔向、子產與季札

在孔子年輕的時代，那時天下有一些著名人物，比如說晉國大夫叔向、鄭國執政者子產、吳國公子季札等，這些「翩翩佳公子」都曾深刻地影響孔子。舉幾個例子來說吧！由於春秋末年，社會已經有些複雜了，爲了追求國家更好的治理，於是鄭國率先訂定一部成文的法律。這從文化發展上來說，其實是必走之路。然而，叔向因爲這件事，特別寫信給鄭國的執政者子產，提出了重要的批評，他意識到這將帶來時代的重大變化，也感慨著重禮樂以治天下的時代將一去不返了。於是他開始思考：到底是用刑法來治國好呢？還是用禮樂來治國好呢？讀過《論語》的人都知道，這其實正是孔子非常關心的問題。子產則是一位更爲知名的重要人物。當時鄭國有人提出一個預言：某日鄭國京城外將會發生一場大火。他也警告子產這位執政者，要他早做預防。子產雖然聽到了這個預言，可是卻沒有理會它。到了那一

天，居然預言應驗了，鄭國京城外發生了一場罕見的大火，造成了很大的損失。這時鄭國人想起了那個預言，便紛紛指責子產，說他不聽天命，終於釀成了大災禍。可想而知，這時子產當然承受很大的政治壓力。而那位不甘寂寞的預言家，這時又發出了新的預言說：不久後會再有一場大火。當時子產的壓力簡直大到極點，國人紛紛要求他一定要做好準備。但是子產非常特別，還是做他該做的事，沒去理會這個預言。他只是向國人表示：「天道遠，人道邇。」其實老天爺的想法是渺茫難知的，有人只是碰巧說中罷了！我們何苦去妄加揣測呢？現在最重要的，是做好我們該做的事啊！到了那天，國人都很緊張地看著大火會不會發生。時間終於過去了，結果什麼事都沒有發生。子產這下子當然鬆了一口氣，而大家也都得到了一個教訓。子產這樣的態度，從那個時代看來，其實是有些大逆不道的。人怎麼可以如此面對老天爺呢？但通過上面那個故事，子產的說法，應是深深啓發了孔子。孔子「敬鬼神而遠之」等說法，應當就是來自於子產的啓發。這位年輕人心中一直思考著這些環繞著禮樂制度的問題，並因而漸漸形成他自己的價值觀、人生觀與世界觀。喜歡讀《古文觀止》的同學，大概也會讀到一篇選自《左傳》的文章，記載的是季札在魯國觀看魯人爲他演奏《詩經》古樂的故事。在那篇文章中，季札逐一說明他對風、雅、頌的觀點。他由歌詩與樂舞之中非常精闢地看出每一國風與雅、頌所表現的德行特色。這種由樂以觀德的思考方式，只要熟悉

《論語》的人，也都會知道這正是孔子教學的一大特色。

三、「學不厭」與君子人格的誕生

以上幾個例子很清楚地告訴我們，孔子在學習禮樂的過程中，其思考面向寬廣而深刻；而且他也不只是向一二人學習而已，他更以整個時代最傑出的心靈爲取法對象。就這樣，孔子以「學不厭」的精神，不斷朝向成爲眞正「君子」的路途前進。然而，孔子所希望成就的「君子」，究竟是什麼樣意義的君子呢？在那個時代，學習禮樂對一些人而言，那也是一種重要的謀生技能，因爲他可以藉此而託身於國君或貴族門下，做一個家臣。這樣一來，他也就能成爲政治權力結構中的一員，成爲具有「君子身分」的「上流人物」。然而，難道這就是孔子所追求的願景嗎？依據現有的文獻記載來看，年輕的孔子可能爲了生活，的確曾經委身於貴族。但在他學問逐漸成熟後，大概就不是這樣的人物了，他有能力，但他不會自貶身價去「兜售」自己。在《論語》中，我們也看到他清楚地表明：「君子努力的重點在於『道』是否能夠推行，而不是只求能夠謀個職務來餬口就滿足了；他平常所憂慮的也是『道』能否成就，而不是整天去擔心自己會不會陷入貧窮的窘境。」（**君子謀道不謀食。耕也，餒在其中矣；學也，祿在其中矣。君子憂道不憂貧。**）這意思是很清楚的，那就是他在學習的過程中，只會去追求眞正的禮樂精神能夠實踐，而不會爲了躋身上流社會的自私目的而去學習。這種學習態度，大不同於那個封建時代其他多數習禮之人。孔子把學習禮樂當成了追求人生意義的過程，這就讓整個學習進程進入了更根源的思考。也就是說，孔子所追求的「君子」，不再只是一種貴族身分的表徵，而是決定於這個角色是否能夠承載眞正的禮樂精神，表現人們發自內心的尊嚴感。如此一來，「君子」就不再只是個「高貴的身分」，它更代表一種「高貴的人格世界」，它打破身分、地位、階級等人爲的藩籬，回歸內在良善的領域，成爲每個人都可以分享、立足之地。於是，在春秋末年，經由孔子對於傳統禮樂制度的反省與詮釋，以及他一生的堅持與實踐，他爲中華文化找到一個阿基米德的支點：一位全新意義的君子誕生了！（春秋時期，「君子」這個詞語有時不只是指貴族的身分而已，它也具有一種價值評斷的意思，用來指一些好的貴族。可是孔子應該是第一位不從身分，而多半只從人格修養上來解說君子的人。）

第二節　君子的行道濟世

「吾十有五而志於學，三十而立。」（吾十有五而志於學，三十而立，四十而不惑，五十而知天命，六十而耳順，七十而從心所欲，不逾矩。）這是孔子這位君子的自述，他以十五年的時間來準備，鍛鍊自己的學養。三十歲，該是他表現自己的時刻了。但哪裡會有可供自己揮灑的舞台呢？

一、中國的第一位平民教育家

在孔子那個時代，以他的博學多聞，要想找個貴族之家來寄身，當然不會是件難事（事實上他年輕時的確就做過了）。可是如果這個貴族不能給他機會，讓他實踐對禮樂的理想時，你覺得他該怎麼辦？是先爲了現實而暫時委屈一下理想呢？還是該「守身待時」，寧可忍受一些生活上的困窘呢？或是還有什麼兩全其美的方法？這的確就是孔子而立之年的處境。客觀上，魯國當時的貴族大多是不成才的，所以孔子不願意委屈自己；而他的學識與品德已獲得人們的尊敬，有許多年輕人紛紛來向他問學請益，就這樣，他以教學來作爲自己走出「行道」工作的第一步。以我們今天來看，教學工作好像沒什麼了不起，但是在孔子那個時代，禮樂的學習仍是貴族的專利，其他人很難涉足，貴族與士有一些既成的管道來學習禮樂，一般平民則沒有受教機會。當然，教導禮樂也必然只是貴族的特權，一般人並不擁有此項權利，所以孔子的舉措乃成爲一個劃時代的創舉。而孔子的學生中很多也都沒有貴族身分，但不論貴族或平民，他從不會考慮來學者的身分，只要你想學，我就教，這個做法突破了當時的階級意識，隱含著智識和人格的平等觀點，這些當然都是開創性的舉措。所以他乃成了開創我國平民教育的第一人，也是有教無類，實行平等教育的第一人。

二、課程內容與教學重點

孔子教學的內容是什麼呢？首先是當時貴族的基本教養，包括「禮樂」，以及一些貴族治理政事的實用技能，如射箭、駕車等等。有沒有教材呢？實用技能的部分有沒有教材，我們今天不得而知，但禮樂相關的部分除了具體的演習，則還要再加上《詩》、《書》這些經典教材，就是所謂「子以四教：文，行，忠，信」的「文」。教材有了，但孔子怎麼教？扼要地說，孔子的教學重點有三：第一，他除了教給學生禮樂的基本內容外，還要闡述禮樂的意義，就像讀小說、看電影而能將作品的精髓一語道破那樣，這若非深刻理解禮樂的精神，是絕對做不到的。這個意義是什麼呢？他用一個觀念統整地表達出來，那就是「仁」。這個概念的涵義後世有極為豐富的詮釋，簡單地說，它就是「一種良善的存心與對人對物的關懷」吧！第二，他非常注重因材施教。實際的教學活動，往往先誘發學生的生命感悟，再據此來啓發學生的人格與道德。換句話說，道德教育、人格教育才是他教學的重心，知識教育則是在「行有餘力」時才加進來的。第三，由於他教學的重心是道德與人格，因此他格外重視具體實踐，也就是說，學問要確實能增進人的道德與人品，才是眞學問。也由於這種實踐的要求，所以孔子必須完全投入、融入學生的生活裡，隨時隨地指點學生所面對的各種生命處境或難題。從這裡也彰顯孔子「誨不倦」的精神。

三、出仕

就在孔子「學不厭，誨不倦」的努力之下，一個個學生被他訓練「成人」（成爲一位具備君子人格的人）。如顏淵、子路等大家所熟悉的弟子，便是其中的佼佼者。教學成果逐漸傳開後，弟子便也越來越多。終於，在年過半百後，他得到了一個在魯國實踐理想的機會。當時的魯定公敦請他出任中都宰。一位眞君子能得到這樣的機會，當然要大刀闊斧地改革，果然在一年後，政聲鵲起。之後，孔子便升任魯國的司空和大司寇，他以禮輔佐魯定公，在齊與魯的夾谷盟會中，維護了魯國的尊嚴，並使齊國歸還了侵吞魯國的土地。同時，爲了抑制魯國一些大夫（主要就是魯國最有實力的三家大夫，即史稱「三桓」的季孫氏、孟孫氏和叔孫氏）和他們的家臣壞禮逾制的行爲，特別是一些城池修築得簡直和京城差不多，所以孔子決心整頓，這便是歷史上有名的「墮三都」事件。結果這事引起了魯國政壇不小的騷動，雖拆掉兩個城池，但第三個終究沒能拆成。這件事也間接導致後來孔子的去職。就在這事之後不久，發生齊國送女樂給魯國執政大夫季桓子的事，它顯示了魯國整個政治氣氛實在太汙濁，這氣氛和孔子的理想已經格格不入，而且這些汙濁的執政者也容不下孔子，於是孔子只得無奈地帶著他的一群學生浪跡天涯，周遊列國去了。那是魯定公十三年（西元前四九七年），孔子五十五歲時的事。他為官於魯，總共三年的時間。在一個禮壞樂崩的時代，君子的遭遇就是如此。

四、周遊列國、四海漂泊

但是孔子並沒有因爲在魯國的挫折，而喪失了以禮樂治世的理想。他的浪跡天涯，當然是爲了尋找機會。不過尋找機會是一件事，他不願意屈就又是另一回事。當這兩件事衝突時，我們就看到了一個漂泊各地、吃盡苦頭，但卻仍然不改其人間關懷的君子圖像。從他搭著弟子冉求所駕駛的馬車，離開魯國開始，差不多有十四年，孔子到過衛、宋、陳、蔡、曹、楚等國家，其中以待在衛國和陳國的時間最長，由於孔子的賢名遠播，這些國家多數時候的確給了孔子許多禮遇，使他和他的弟子還不至於生活無著。可是衛的國政，比魯還要糟。孔子在衛期間，國君與太子骨肉相殘，國君好色又不守禮。在如此狀況下，孔子當然是找不到機會，而且即使有機會，他也很難屈就的。最後，由於衛君失敬於孔子（衛君不和孔子談禮樂，卻去談兵陣之事），他便離開了衛國。孔子離衛後，在很長一段時間，流浪在陳、蔡、宋之間。這期間他眞是備嘗艱苦與危險，他被人威脅、遇到戰亂，甚至還曾一度絕糧多日，跟隨他的弟子都苦不堪言。即使如此，一路上還是弦歌不輟，只要有空，他就可以隨處和弟子討論學問。孔子著名的弟子如子貢等人，就是在孔子離開魯國之後，陸續投入他門下的。可見這位人師擁有多大的人格魅力啊！

五、儒者濟世與隱者守身

孔子周遊列國期間，曾多次遇見因世局紛亂而隱居的賢者。其中有一次在淮河流域，陳國和楚國之間，他們一行碰到了兩位田間耕作的農夫，名叫長沮和桀溺。爲了過河，子路就上前去打聽渡口在哪裡。長沮就問了：「車上那位是誰啊？」子路答說「是孔丘」。老人家一聽，就又問了：「是魯國的孔丘嗎？」子路回答說「是的」。這時沒想到老人家給的答案，竟然是說：「那他應該知道渡口在哪裡。」然後就不理人了。子路沒辦法，只好轉問桀溺。桀溺問子路是誰？子路說：「我是仲由。」桀溺再問說：「你是孔丘的學生嗎？」子路答是。於是桀溺就對子路說了一段重要的話：「天下現在早就已經隨波逐流，往而不返了，亂世將至，誰還能改變些什麼呢？當舉世滔滔，皆是昏暴之君時，你與其追隨像孔丘一樣，想要找到明君以救世的君子，還不如來追隨像我一樣，離群索居，自耕自食的人還來得好些吧！」然後他們兩人就自去耕種，不再理會孔子一行人了。子路碰了一鼻子灰，回來把狀況向孔子報告。孔子聽了之後，悵悵然嘆口氣說：「這眞是世外高人啊！但我卻不能像他們一樣，離群索居，與山野裡的鳥獸同群，我就是應該要與天下蒼生生活在一起啊！而正是因爲天下無道，所以我才要如此栖栖惶惶地努力。如果天下都有道了，我們就不需要再做些什麼了，不是嗎？」（長沮、桀溺耦而耕。孔子過之，使子路問津焉。長沮曰：「夫執輿者爲誰？」子路曰：「爲孔丘。」曰：「是魯孔丘與？」曰：「是也。」曰：「是知津矣！」問於桀溺。桀溺曰：「子爲誰？」曰：「爲仲由。」曰：「是魯孔丘之徒與？」對曰：「然。」曰：「滔滔者，天下皆是也，而誰以易之？且與其從辟人之士也，豈若從辟世之士哉？」耰而不輟。子路行以告，夫子憮然曰：「鳥獸不可與同群！吾非斯人之徒與而誰與？天下有道，丘不與易也。」）這一段話，最能看出孔子的人格世界與人間關懷；正是這樣的精神，讓他可以忍受流浪的孤寂，繼續尋找實踐理想的機會。

六、流浪者的情懷

可是由於時代的蒙昧，除了有時會得到一些貴族的邀請去「作客」，提供一些諮詢之外，他始終無法獲得任何機會。於是孔子漸漸興起一個念頭，他說：「我老家的那些年輕人啊！他們都有著很大的志向，雖然有些粗疏，他們的文理都已經有些可欣賞的東西了，只是還缺乏一些剪裁指正啊！」（子在陳曰：「歸與！歸與！吾黨之小子狂簡，斐然成章，不知所以裁之。」）這當然表示孔子已經開始想回家了，而且也表示他自己知道，這個時代恐怕已經沒有他可以實現理想的空間了。所以孔子想回到家鄉，以教育作爲終身志業，教導後學，傳此道以待來者了。這年他六十三歲，但他想家，卻還回不去。爲什麼回不去呢？因爲魯國的那些大夫們，還是容不下他啊！這到底是誰的不幸呢？也許還是儀封人有先見之明，他在請見孔子之後說：「天下之無道已經如是之久了！也許老天爺差遣孔子來到世間，就是爲了讓他像『木鐸』一般，來警醒所有的人，讓世人知道正道爲何吧！」難道一生立身行道，就注定要成爲「東西南北之人」嗎？但「造次必於是，顛沛必於是」（富與貴，是人之所欲也。不以其道得之，不處也。貧與賤，是人之所惡也。不以其道得之，不去也。君子去仁，惡乎成名？君子無終食之間違仁，造次必於是，顛沛必於是），他即使流離困頓，仍然學不厭、誨不倦，求仁而得仁。也許孔子免不了略有遺憾，但一定不會後悔，因爲他無愧於自己所堅持的理想。人生的過程永遠比結果來得更重要，不是嗎？

第三節　君子的守先待後

魯哀公十一年（西元前四八四年），由於孔子的學生子貢、冉求等人在魯國的傑出表現，終於改變了魯國執政大夫季康子的心意，邀請他回國。這年冬天，孔子在流浪了十四年之後，回到了魯國。魯哀公親自接見他，季康子更多次請教他治國之道，可是老先生畢竟不能爲這些年輕的執政者所用了。孔子的治國理想是什麼呢？記得在他還沒有出來做官之前，有一次與顏淵、子路談到個人志向時，便曾經簡單概括爲幾點：「老者安之，朋友信之，少者懷之。」（使老人能安居，朋友能互相信任，並且關懷年少的人。）這眞是簡單但又無比遠大的理想啊！試問哪一位爲政者，眞能做到這種境界呢？而如果有哪位爲政者眞能如此，那不就是太平盛世了嗎？但很遺憾的是，孔子終其一生，畢竟沒能得到適當的舞台，來實現理想。不過他的理想與信念，卻通過經典的記載，啓發了後世英傑之士。

一、創建儒家學派

孔子的理想雖然在當時無法實現，但卻引導我們更深入思考理想與現實的種種問題。如果說現實總不會那麼盡如人意，理想也常會徒託空言，那麼設法讓這個理想寄寓在代代相傳的「經典」中，來啓發後人，就也成爲另一件偉大的事業，不是嗎？在孔子流浪途中，曾有一次被困在匡這個地方。是因爲他長得有點像陽虎，而陽虎曾殘害過匡人，所以匡地之人把孔子包圍了起來，要跟他算帳。在情勢危急，弟子們都很害怕，孔子也無可奈何的時候，他講了一段很有名的話：「周文王已經過世了，可是周初所傳下來的禮樂之道，不就寄託在我們身上嗎？如果老天爺竟要讓這個禮樂之道毀掉，那就不應該讓我們這些後死者瞭解禮樂之道的意義；而如果老天爺不想毀掉禮樂之道，那匡人又豈能對我們怎麼樣呢？」（**文王既沒，文不在茲乎？天之將喪斯文也，後死者不得與於斯文也；天之未喪斯文也，匡人其如予何？**）這段話與其說是在無可奈何之下的自我安慰，不如說這也是他對自我的生命期許。是的，他的生命就是爲了承擔這樣一個繼承與發揚禮樂之道的使命而來的。如果這個使命不能在現實中完成，那就讓它確切地保存下去，讓它有可能實現於後世吧！於是，從孔子回到魯國的這一年開始，到他走向人生終點，大約還有四年多的生命裡，他做了兩件看似平凡、但卻是震古鑠今的大事。這兩件事之一就是整理既往的經典，另一件就是培育足以傳承禮樂之道與君子人格的一群青年學者，像曾子、子游、子夏、有若等人，來為他完成繼志述事的志業。從此，一個影響中國兩千多年，乃至鄰近東亞各國千餘年的儒家學派誕生了；而一個充實飽滿的君子人格世界也得以植根於我們的文化心靈中，並繼續在我們的文化中發光發熱，影響未來的世代。

二、整理古代經典

這兩項事業當然值得好好說明一下。就孔子的整理經典來說，《史記》裡記載孔子返魯之後，曾經刪《詩》《書》，訂禮樂。這個記載恐怕並不是事實。因為根據考證結果，其實孔子所讀到的《詩經》，和他之前的人所讀的，乃至我們今天所讀的經典，內容差距並不大。《詩經》也許有少部分句子今天已經失傳了，但絕大部分和孔子年輕時所讀到的本子應該相差不多。《書經》問題比較多，丟掉的也比較多，那是因為秦始皇焚書的緣故，但並沒有什麼證據說孔子眞刪改《書經》的句子。至於孔子有沒有改訂禮儀，因這方面的證據不多，應該也不是事實。換句話說，孔子晚年「整理」經典，應該不是如漢代學者所說的「刪訂」，而只是將古代經典整理得更方便閱讀或講解而已。

三、古典新義

今天《論語》裡仍然保留著一些孔子講解經典的片段記錄，這些記錄雖不算完整，但仍然很生動。這裡我們就舉個例子，來看看孔子他們上課的狀況吧！有一天，孔子與弟子討論到《詩經・衛風》的〈碩人〉，這首詩是在讚美一位國色天香的女子。原詩有這樣的句子：「手如柔荑，膚如凝脂，領如蝤蠐，齒如瓠犀，螓首蛾眉。巧笑倩兮，美目盼兮。」（子夏問曰：「『巧笑倩兮，美目盼兮，素以為絢兮。』何謂也？」子曰：「繪事後素。」曰：「禮後乎？」子曰：「起予者商也，始可與言詩已矣。」）這些句子很好懂，就是講一位女子手是多麼漂亮，皮膚、脖頸、牙齒、臉蛋、眉毛又是如何如何，而且還有極其純真的眼神和笑容。但《論語》的文句中，只引了後兩句，也就是「巧笑倩兮，美目盼兮」，後面還加了一句「素以為絢兮」。這最後一句原詩應該是有的，可是今天我們讀的本子給丟掉了。沒關係，丟掉的詩句，孔子幫我們保留下來了。當時討論的重點正是「素以為絢兮」這個句子，這是什麼意思呢？問題由子夏提出來，於是孔子就像國文老師一樣，給了它一個解釋說「繪事後素」。這下似乎越講越糊塗了。不過孔子講解的時候，大概也不會講得這麼簡單。其實「繪事後素」這句話解釋一下，也就懂了。原來在孔子那個時代，繪畫之初，先塗上素色的粉底，然後再畫上五彩的顏色，成爲一幅彩色畫。就如同現今畫國畫，先鋪上白色的宣紙，然後再畫上彩色一般。這就叫做「繪事後素」。孔子爲什麼要這麼解釋呢？原來這首詩是說，這位女子天生麗質，再加上服飾打扮，自然更美了。對於《詩經》的欣賞，孔子用繪畫的例子來引導，便使得子夏進一步思考孔子所關切的核心價值問題，即「禮」與「仁」的關聯。彩色的繪畫要以白粉爲底色，那麼「禮」所代表的高貴性與美感，是否也要以「仁」所蘊含的良善爲根本呢？這也就是孔子常常強調的：「人而不仁，如禮何？人而不仁，如樂何？」於是，子夏有所領悟地說：「禮在仁之後嗎？」在孔子的引導下，子夏從一首讚美女子的詩，聯想到孔子所教導的核心價值，即是禮樂制度中最重要的內涵在於仁。一位君子，不僅要符合外在的禮儀規範，更要有內在的仁心，才能展現眞正的高貴與美感，這也是孔子教學時一再強調的「文質彬彬，然後君子」的意思。這樣一講，這首詩的意義眞是何其豐富！所以孔子一聽，如獲知音，不禁讚美子夏說：「你這樣的講法，對我也是好大的啓發啊！你已經把握到《詩》的眞正精神，所以我可以與你進一步來討論《詩》了。」讀完這段話，不知道你有什麼感想？你發現了孔子和他的弟子們的教學互動，多麼精采有創意了嗎？他們如何發掘經典的精神呢？他們又如何爲經典賦予新的意義呢？沒錯，這就是孔子和弟子們的上課實況，我們看到非常深刻與精采的互動，而經典也就在這樣的互動中，創造出更新的意義。從這裡，我們當然也就可以體會出來孔子在整理六經的過程中，究竟做了哪些事，而這些事又有多大的意義。

四、君子志業的代代相承

同時，我們也看到那些追隨孔子而「斐然成章」的「吾黨小子」，又如何在孔子的循循善誘下，一步步被剪裁成出類拔萃的君子。這其中最有意思的大概就是曾子了。曾子其實並不是一位資質優異的天才人物。《論語》就曾說「參也魯」，也就是說曾子較他人遲鈍。可是孔子的學問重點，卻並不一定需要聰明人才能把握。前面我們曾經以很簡略的方式解釋「仁」是「一種良善的存心與對人對物的關懷」，這層涵義其實是每個人都可以把握、體會的，而且越是質樸的人，恐怕越會把握得好，曾子就是一個例子。有一天，孔子突然問曾子一個問題：「我的學問之道其實是一貫的，你能不能懂呢？」曾子當時即說：「我瞭解。」下課之後，其他弟子就追問曾子，孔子的話到底是什麼意思？曾子馬上以畫龍點睛的方式，簡潔地為孔子的學問下了一個註腳。曾子的註腳就是「忠恕」這兩個字，它的意思就是「盡己之心」與「推己及人」，這意思不是簡潔明瞭嗎？（**子曰：「參乎！吾道一以貫之。」曾子曰：「唯。」子出。門人問曰：「何謂也？」曾子曰：「夫子之道，忠恕而已矣。」**）孔子與弟子們透過眞實生命的互動激盪，完成「禮樂之道」的傳承，開啓以「仁」爲內涵的精神世界。中華文化最璀璨的一頁，就此確定。

五、君子不死，典型永在

魯哀公十六年（西元前四七九年），孔子這位生不逢時，但卻照耀千古的君子，在平靜中走完了他波瀾壯闊的一生，從此躍入了歷史。怎麼形容孔子的生命呢？他對自己的形容是「學而不厭，誨人不倦」；但歷史會這麼形容他，他就是這麼一位「知其不可而爲之」的「君子」，也是一位「知我者其天乎」的知命之人。當然，後人更因爲他所代表的「人格典範」，尊稱他爲「至聖先師」，或以「聖人」名之。而他的學生則會這麼看他：一位「望之儼然，即之也溫，聽其言也厲」（孔子有三種不同的面貌：遠望覺得很莊重，接近卻覺得溫和可親，聽他的言論卻又十分嚴正）的人師。就這樣，一位眞誠、眞實的君子生命，成爲後代共同的文化基因。孔子辭世之後，他的弟子與再傳弟子，把他一生的行誼與言談記錄整理編纂成了《論語》這部書，而這部書也就成了以孔子爲核心的一幅幅君子人格肖像；每篇每章有如單一拼圖片，每位讀者須自己組構出這些君子人格的精神面貌。從它所包含的主題，還可以發現《論語》實在是闡明人文精神與六經意義最重要的一部書。雖然《論語》在戰國初年編纂成書後，就受到重視；然而在秦始皇焚書坑儒的文化浩劫中，也遭到焚燬。漢朝興起後，流傳《魯論》、《齊論》、《古論》三種不同的版本。現今我們看到的《論語》，主要以《魯論》為基礎，共二十篇，每篇之下，又分為若干章。由於《論語》是儒家重要的經典，歷代有關這部書的注疏很多，其中，三國何晏的《論語集解》、南宋朱熹的《論語集注》、清朝劉寶楠的《論語正義》都具有代表性。事實上，兩千多年來，《論語》逐漸走入了中國人的文化心靈中，乃至於東亞文化世界裡，成為人人心中那一盞永不熄滅的明燈。日本德川時代的儒者伊藤仁齋甚至推崇《論語》為「最上至極宇宙第一書」。當然，這盞明燈是否能繼續發光，還是逐漸黯淡，這已經不是孔子的責任了。君子的生命只有靠後來的君子繼續傳承發展，而我們是否真能繼承這樣的智慧，來回應我們這個時代的新課題，那就要看我們是否也願意立志成為一位君子。

問題與討論

(1)在你的生命成長中，哪個人對你的影響最大？他（她）具有何種人格特質能吸引你？想想看！說說看！

(2)孔子賦予君子全新的內涵，並以此自我期許，你的自我期許是什麼？它與你的未來人生可能會有什麼關係呢？

(3)如果你像孔子那樣，面對理想與現實的衝突時，你會如何抉擇？

(4)你心目中的孔子形象是什麼？請用你熟悉的語言或比喻來呈現。

第二單元

親子師友之道

前言

所有人都曾是孩童。看過孩童在第一次遇見陌生人的樣子嗎？他們的表現非常多樣，但最常見的，是躲在父母親背後，張大好奇的眼睛，看著不熟悉的臉孔。慢慢他們會開始由父母親的引導，建立對世界的信任，也知道如何與家庭以外的人相遇。我們都知道孔門重視「孝」，但是「孝」是什麼樣的品格？最初，的確是宗法制度的一環。然而到孔子，有了很大的轉變。在孔子看來，「仁者，愛人」的意義，是出於眞情，和所有人建立圓融和諧的關係。我與你與他彼此相融，每個人從孤立的身體狀態走出去，進而讓自己的人生意義變得圓滿。然而這樣廣大的圓滿，不正是在家庭中，我們和父母之間原始的親愛使然嗎？這不就是孝更根本的意涵嗎？不然，我們如何知道應是這樣面對陌生人，或是其他人呢？因此，我們與人相遇的原則，起點正在由敬愛父母、友愛兄弟。由家庭關係的親密感推擴出去，我們能敬事老師，與朋友互信，友善地對待與我們相遇的他人。「仁」是人之所以爲人的中心意義，因爲我們把陌生的他人，都轉爲我們可以親切稱呼的你。而「孝弟」正是這樣的人倫根本：視人如己、視人如親切的你。作爲一個人，我們很自然地從家庭生活中培養「仁」的種子，是爲「父子倫」和「長幼倫」。進入學校之後，開始接觸師友，學習和原生家庭以外的人相處，也學習成人，是爲「朋友倫」。本單元分三節，分別爲「親子手足之道」、「朋友交往之道」、「師生相處之道」。

第一節　親子手足之道

選文與註釋

(1)或謂孔子曰：「子奚①不爲政？」子曰：「《書》②云：『孝乎惟孝③，友于兄弟④，施於有政⑤。』是亦爲政，奚其爲爲政？」（〈爲政〉二一）

①**奚**：爲何。

②**書**：《尚書》。所載的內容，多爲古代公文，本來只稱爲《書》，漢朝初年才稱爲《尚書》，後來便沿用此稱。今存《尚書》五十八篇，起自堯舜，下至東周。成

爲儒家經典以後，又稱爲《書經》。

③**孝乎惟孝**：惟，只。孝呀，只有盡到孝順父母之行。

④**友于兄弟**：于，介詞，同「於」。友愛兄弟。

⑤**施於有政**：施，推行。推行到政治事務上。

【語譯】有人詢問孔子：「您為何不去從政？」孔子說：「《尚書》中說：『孝道啊重在行孝，並友愛兄弟，再延伸到政治事務上。』這也是從政的基礎，何必非得從政才叫做為政呢？」

(2)有子①曰：「其爲人也孝弟，而好犯上②者，鮮矣。不好犯上，而好作亂③者，未之有也。君子務本④，本立而道生⑤。孝弟也者，其爲仁⑥之本與！」（〈學而〉二）

①**有子**：姓有，名若，字子有，孔子弟子。

②**犯上**：冒犯長上。

③**作亂**：爲悖亂法紀之事。

④**務本**：務，專力。務本，專心致力於根本。

⑤**本立而道生**：本，指孝弟。根本已經建立，則仁道即可由此而循序培養產生。

⑥**為仁**：行仁。

【語譯】有子說：「一個人的為人若能孝順友愛，卻喜愛冒犯長上的，非常少。不好冒犯尊長，卻喜歡叛亂國家者，從來沒有聽過。君子致力於根本，根本建立了仁道自然產生。孝悌這件事，大概是做人處世，推行仁道的根本吧！」

(3)孟懿子①問孝。子曰：「無違②。」樊遲御③，子告之曰：「孟孫④問孝於我，我對曰：『無違』。」樊遲曰：「何謂也？」子曰：「生，事之以禮⑤；死，葬之以禮⑥，祭之以禮⑦。」（〈爲政〉五）

①**孟懿子**：名何忌，魯大夫，諡號懿。其父孟僖子將死，遺命何忌向孔子學禮。

②**無違**：不要做出違逆禮制的事來。

③**御**：駕車。

④**孟孫**：即孟懿子，這是他作爲孟孫氏族長身分的稱謂。

⑤**事之以禮**：以，依。父母在世時，侍奉生活起居，要依照禮制。

⑥**葬之以禮**：父母去世後，從殯殮以至埋葬，都要依照禮制。

⑦**祭之以禮**：每逢祭祀父母的時候，都要依照禮制。

【語譯】孟懿子問孔子行孝的方法。孔子說：「不要違背禮制。」樊遲替孔子駕車時，孔子告訴他：「孟孫氏問我如何行孝，我回答說：『不要違背禮制。』」樊遲問：「這是什麼意思？」孔子說：「父母在世時要依禮事奉他們，死後要依禮埋葬他們，祭祀時也要依禮祭拜他們。」

(4)子游①問孝。子曰：「今之孝者，是謂能養②。至於犬馬，皆能有養③。不敬，何以別乎？」（〈爲政〉七）

①**子游**：姓言，名偃，字子游，孔子弟子。

②**是謂能養**：是，只，副詞。養，音「樣」，奉養。只說能夠以飲食奉養父母。

③**皆能有養**：養，音「仰」，撫育、供給食物。言人對於犬馬，都能供給食物來畜養牠。

【語譯】子游問行孝之道。孔子說：「現在所謂孝順的子女，只是被稱讚能夠奉養父母，讓父母吃好穿暖。但是說到家中的狗和馬，人們也都能飼養牠們。如果對父母不存著尊敬的心，那和飼養犬馬有何不同呢？」

(5)**子夏①問孝。子曰：「色難②。有事弟子③服其勞④，有酒食⑤，先生⑥饌⑦。曾是⑧以為孝乎？」**（〈為政〉八）

①**子夏**：姓卜，名商，字子夏，孔子弟子。
②**色難**：色，臉色。侍奉父母，以能和顏悅色為難得。
③**弟子**：後生晚輩，對父兄而言。
④**服其勞**：服，做、從事。代他（指父兄）來操勞、服務。
⑤**食**：音「似」，飯；這裡通指飯菜，名詞。
⑥**先生**：父兄、長輩。
⑦**饌**：音「篆」，吃喝、食用。
⑧**曾是**：曾，音「層」，難道。是，如此、這樣。難道這樣。

【語譯】子夏問行孝之道。孔子說：「對待父母和顏悅色是最困難的。當父母有勞務時子弟要幫父母的忙，而子弟有飲食也該請父兄尊長食用。但難道這就真正能窮盡孝道的全部了嗎？」

文意解析

「愛」是人的基本力量，不因種族、職業，或是其他各種身分而有所不同。而且，由於「愛」的能力之擴充，使得原本冰冷的世界有了溫度，於是由個人、家庭、社會、國家，甚至到了整個自然世界，都因為「愛」而能緊緊地結合在一起。但怎麼愛？由哪裡愛起？卻是我們必須深思的問題。儒家特別強調孝道，主張「孝」是其學說的核心概念，便是注意到「愛」的重要性。在本節選文中，可以看到孔門師生發現到愛人的力量，是由人與父母的聯繫開始，其次發展到手足之情，最後與社會人群及歷史文化，產生關聯性。而且值得注意的是，儒者雖然關懷單一個人之間的愛的能力之實現，可是卻將此種力量的實現，安納進群體的生活中，所以第一則選文便指出孔子雖未能出仕以服務人群，但當他強調「孝弟」的價值時，其實也是一種「從政」的模式。這告訴了我們，由己身做起，推擴出去，當可達到服務人群的理想，而非一定要取得官位，才算是從政。另外，愛人的力量是活潑的、生機無限的，並非僵化的道德教訓。所以，第二則選文便說明了一切的人間德行，當可從人一出生後的父母手足之情的開展中，逐步落實。於是，我們知道「愛」人的力量，是人類文明的基礎。然而，「愛」人的力量是如此巨大，其影響是如此深遠，若無適度引導，也容易產生破壞。譬如說，我們都愛我們的親人，但愛的方式完全一樣嗎？面對生老病死，愛的方式需不需要有些不同？是故，儒者認為應當以「禮」的原則來做，才不至於傷害了這個愛的力量，這便是第三則選文的內涵。最後，在四、五兩則選文中，孔門弟子特別指出一般人常誤以為「物質」的提供，即是「孝」的行為。可是，如果這些作為沒有發自內心的「愛」，那麼提供再多的金錢或食物，也不是「孝」。這種發自內心的愛，或許只是幫點小忙，或許只是敬請長輩先吃飯，形式也許不同，但都是真心愉悅的表現。這些作為看似小事，但儒者卻認為是愛的力量真誠的表現，而為人間最偉大的價值。

相關章句

(1)子曰：「事父母幾諫①。見志不從，又敬不違，勞②而不怨。」（〈里仁〉十八）

①**幾諫**：幾，音「基」。委婉地勸諫。

②**勞**：憂心。

【語譯】孔子說：「事奉父母時（若父母有缺失），要用委婉的方式勸諫。若見父母的心意不接受，仍須恭敬不違背，雖然心裡憂慮，卻不可有怨恨的神色。」

(2)子曰：「父母在，不遠遊，遊必有方。」（〈里仁〉十九）

【語譯】孔子說：「當父母在世時，不要去太遠的地方遊玩，一旦出遊一定要告知父母外出的明確地方。」

(3)子曰：「父母之年，不可不知也。一則以喜，一則以懼。」（〈里仁〉二一）

【語譯】孔子說：「父母的年齡，我們一定不可以不知道。一則以高興的心情，慶賀他們的高壽；一則以戒慎恐懼的心情，擔心他們日漸衰老。」

問題與討論

(1)現代社會的人口結構將快速老化，預計在不久的未來，正式邁入高齡社會，甚而是超高齡社會。在此人口結構演變趨勢下，照顧老人將成為財政與社會的重大議題。若將老人交給政府安養，財政肯定很難負擔，如果你是總統或立法委員，會如何提出讓老人得到更好照顧與感受到更多尊重的相關主張呢？

(2)想想看，我們每天與父母兄弟姊妹一起溫馨聊天的時間有多少？是多？是少？為什麼？並進一步想想你理想中的親子相處模式是什麼？

第二節　朋友交往之道

選文與註釋

(1)子貢①方人②。子曰：「賜也賢乎哉③？夫我則不暇。」（〈憲問〉二九）

①**子貢**：姓端木，名賜，字子貢，孔子弟子。
②**方人**：品評別人的高下是非。
③**賜也賢乎哉**：孔子以此提醒子貢說：「你眞這麼賢能嗎？」

【語譯】子貢非常喜歡批評別人。孔子說：「賜啊！你真的那麼賢能嗎？要是我就沒有空閒來批評別人。」

(2)子貢問友①。子曰：「忠告②而善道③之，不可則止，毋自辱④焉。」（〈顏淵〉二三）

①**問友**：請教交友之道。

②**忠告**：忠，盡己。告，音「顧」（今或讀爲「告」），勸誡。盡己之心來勸誡。

③**善道**：道，音「導」，通「導」。善加勸導。

④**毋自辱**：不要自取其辱。

【語譯】子貢問孔子交友之道。孔子說：「對待朋友要忠誠勸諫，並善於引導，但若屢勸不聽就要適可而止，千萬不要自取其辱。」

(3)**孔子曰：「益者三友，損者三友。友直①，友諒②，友多聞，益矣。友便辟③，友善柔④，友便佞⑤，損矣。」**（〈季氏〉四）

①**直**：正直。

②**諒**：誠信。

③**便辟**：便，音駢，習熟。辟，音「必」，通「僻」，不正。習慣做些表面功夫而不能正直待人。

④**善柔**：善於討好別人而不能誠信待人。

⑤**便佞**：佞，音「寧」，去聲。習慣摘取人云亦云的看法，沒有自己的主見。

【語譯】孔子說：「對我們有益的朋友有三種，有害者也有三種。朋友正直，朋友誠信，朋友見聞廣博，就是益友。朋友習於表面功夫，但實際上偏邪不正，朋友善於討好別人（而不誠懇待人），朋友習慣摘取他人的言論（而無主見），是有損的朋友。」

(4)**孔子曰：「益者三樂①，損者三樂。樂節禮樂②，樂道人之善，樂多賢友，益矣。樂驕樂③，樂佚遊④，樂宴樂⑤，損矣。」**（〈季氏〉五）

①**樂**：音「要」，愛好。

②**節禮樂**：樂，音「月」，音樂。以禮樂來節制自己的言行舉止。

③**驕樂**：樂，音「勒」，作樂。奢侈放肆地取樂而沒有節制。

④**佚遊**：閒散遊蕩，無所用心。

⑤**宴樂**：追求宴飲的樂趣。

【語譯】孔子說：「對我們有益的嗜好有三種，有損的也有三種。喜愛受到禮樂的節制，喜愛稱道他人的優點，喜愛廣結益友，是有益於自身修養的嗜好。愛好放肆的享樂，愛好閒散遊蕩，愛好宴飲之樂，則是有損於自身修養的嗜好。

(5)司馬牛①憂曰：「人皆有兄弟，我獨亡②。」子夏曰：「商聞之矣：『死生有命，富貴在天③。君子敬而無失，與人恭而有禮。四海之內，皆兄弟也。』君子何患④乎無兄弟也？」（〈顏淵〉五）

①**司馬牛**：名耕，字子牛，孔子弟子。

②**我獨亡**：亡，音「無」，通「無」。司馬牛之兄向魋（音「頹」）在宋國作亂，牛憂其爲亂將死。

③**死生有命，富貴在天**：死生富貴，都由上天決定。意謂有沒有好兄長，是取決於命運，不是自己能決定。

④**患**：憂慮。

【語譯】司馬牛憂慮的說：「別人都有兄弟，而只有我沒有。」子夏安慰他說：「我卜商聽過這樣的俗語：『生死都有天命，富貴也是上天注定的。有才德的人只要恭敬而不犯過，待人謙恭有禮，那麼普天之下都將是你的手足。』一個君子何必擔心沒有兄弟呢？」

(6)曾子①曰：「君子以文②會友，以友輔仁③。」（〈顏淵〉二四）

①**曾子**：名參，字子輿，孔子弟子。

②**文**：詩、書、禮、樂等文化內容。

③**輔仁**：輔助行仁。指朋友之間相互切磋，彼此規過勸善。

【語譯】曾子說：「一個有才能的人常常用詩書禮樂之文來聚會益友，再藉由益友來輔佐自己行仁。」

文意解析

同學、朋友之間到底該如何相處呢？你一定很熟悉像子貢一樣評論別人是非的場景，於是當你看到孔子點醒子貢：「每個人自己反省自己都還來不及，那有時間專注在品評別人的高下是非呢？」你是不是也能猛然有些警醒呢？照這幾則選文來看，同學、朋友之間，最重要的當然就是正直、誠信，以及彼此提攜照顧，規過勸善。既互相長養彼此的德行人品，也互相長養彼此的知識見聞。但是這也是很不容易的，人總是愛面子，也有惰性，所以我們總不想得罪朋友，也貪圖享樂，更喜歡在朋友面前打腫臉充胖子、充博學、充能幹，可是如果我們的朋友都是這樣的人，又將給我們帶來什麼影響呢？而如果我們自己也是以這些「人性的弱點」來面對朋友，又將如何？孔子在這裡清楚地為我們畫出了益友和損友的界限，也告訴我們與人交往時，要常常學著稱說別人的好處，行為上也必須有所節制，千萬要避免讓我們和朋友間落入酒肉爭逐之中，以致敗壞了彼此的人格。也正是在孔子這樣的啓發中，我們看到了孔門弟子之間那種同學、朋友之間的眞情摯愛。就在司馬牛和子夏這兩位同學的交往中，我們看到了一種寬諒、溫厚與體貼的交流。然則假如在你也遭逢挫折時，也能有像子夏這樣的朋友來寬慰你，你會不會有種發自內心深處的溫暖與感動呢？但是，朋友畢竟與兄弟不同，彼此的尊重，以及交往的分寸，一定要注意如何拿捏。過猶不及，朋友之間規過勸善必須適度，「不可則止」，這眞是與朋友交的一種智慧。就在孔子的循循善誘中，最擅於歸納孔子精神的曾子，為我們指出了朋友交往的基本方法，那就是讓朋友交流於經典的智慧之中，並且在這種經典與生命的相互交流中，讓我們每個人都能回歸到一種良善的存心與對人對物的關懷上，從而培養出了一位位君子。毫無疑問的，這就是永恆的「朋友之道」。

相關章句

(1)子夏之門人問交於子張①。子張曰：「子夏云何？」對曰：「子夏曰：『可者與之，其不可者拒之。』」子張曰：「異乎吾所聞：『君子尊賢而容眾，嘉善而矜②不能。』我之大賢與③，於人何所不容？我之不賢與，人將拒我，如之何其拒人也？」（〈子張〉三）

①**子張**：姓顓孫，名師，字子張，孔子弟子。

②**矜**：音「金」，憐憫。

③**與**：通「歟」，假設語氣詞。

【語譯】子夏的門人問子張如何交友。子張說：「你們的老師子夏怎麼說呢？」門人回答：「子夏說：『人品足以交往的，就和他為友，不可為範的，就拒絕他們。』」子張說：「這和我聽到的孔子教誨不同：『（孔子說），有才德的人尊重賢人但也包容大眾，嘉獎善人而憐憫不能為善的人。』如果我是個大賢者，那麼對人有什麼是容不下的？如果我自己都不賢了，別人將拒我於千里之外，我又如何有資格去拒絕他人呢？」

問題與討論

(1)中國自古重視朋友，朋友陪伴我們的人生，讓我們增長見聞。你喜歡哪一類的朋友？是談詩論藝的文藝友？責善切磋的道義友？或慷慨激盪的意氣友？為什麼？

(2)張潮說：「對淵博友，如讀異書；對風雅友，如讀名人詩文；對謹飭友，如讀聖賢經傳；對滑稽友，如閱傳奇小說。」你曾在朋友身上閱讀到什麼人生的道理？

第三節　師生相處之道

選文與註釋

(1) 子路、曾皙、冉有、公西華①侍坐。子曰：「以吾一日長乎爾②，毋吾以③也。居則曰：『不吾知④也！』如或知爾，則何以哉？」子路率爾⑤而對曰：「千乘之國⑥，攝⑦乎大國之間，加之以師旅⑧，因之以饑饉⑨，由也爲之，比及三年，可使有勇，且知方⑩也。」夫子哂⑪之。

「求，爾何如？」對曰：「方六七十⑫，如五六十，求也爲之，比及三年，可使足民⑬。如其禮樂，以俟⑭君子。」「赤，爾何如？」對曰：「非曰能之，願學焉。宗廟之事⑮，如會同⑯，端章甫⑰，願爲小相⑱焉。」「點，爾何如？」鼓瑟希，鏗爾，舍瑟而作⑲。對曰：「異乎三子者之撰⑳。」子曰：「何傷乎！亦各言其志也。」曰：「莫㉑春者，春服既成，冠者㉒五六人，童子六七人，浴乎沂，風乎舞雩㉓，詠而歸。」夫子喟然歎曰：「吾與㉔點也！」

（〈先進〉二五）

①**曾晳、冉有、公西華**：晳，音「西」。曾晳，名點，曾參之父。冉有，名求。公西華，姓公西，名赤，字子華。三人皆孔子弟子。

②**以吾一日長乎爾**：爾，你們。我比你們稍稍年長一些。

③**毋吾以**：是說不要因爲我年紀比較長，就不好意思在我面前說了。

④**不吾知**：「不知吾」的倒裝。不瞭解我。

⑤**率爾**：輕率地。

⑥**千乘之國**：諸侯國。

⑦**攝**：欺壓。

⑧**加之以師旅**：師旅，軍隊。兵臨城下。

⑨**因之以饑饉**：遭遇饑荒。

⑩**方**：方向。

⑪**哂**：音「審」，帶著譏嘲之意的微笑。

⑫**方六七十**：六七十里見方的小國。

⑬**足民**：人民富足。

⑭**俟**：等待。

⑮**宗廟之事**：國家的祭祀大典。

⑯**會同**：諸侯之間的盟會。

⑰**端章甫**：黑色的禮服和禮帽。

⑱**相**：在儀典中負責贊禮的人。

⑲**「鼓瑟希」三句**：希，間歇。鏗，音「坑」，瑟音。作，起。這幾句是說其他人談話時，曾晳在邊上彈著瑟，因爲孔子問到他，他彈了最後一個音，便把瑟放下來，站了起來。

⑳**異乎三子者之撰**：和前面三位的陳述不同。

㉑**莫**：通「暮」。

㉒**冠者**：成年人。

㉓**浴乎沂，風乎舞雩**：沂，音「移」，河流名。雩，音「魚」。舞雩，祭天祈雨的土臺。在沂水中洗浴，以除掉不祥的穢氣。洗完後，在祈雨的高臺上吹風。

㉔**與**：贊同。

【語譯】子路、曾皙、冉有、公西華陪孔子坐著。孔子說：「不要因為我比你們年紀大一點，就不好意思在我面前說自己的志向。你們平時總在說：『沒有人知道我呀！』如果有人知道你們，那麼你們打算怎麼辦呢？」

子路不加思索地回答說：「一個擁有一千輛兵車的國家，夾在大國之間，常受外國軍隊的侵犯，加上內部又有饑荒，如果讓我去治理，等到三年的功夫，我就可以使人人勇敢善戰，而且還懂得國家的方向。」

孔子聽了，微微一笑。

孔子又問：「冉求，你怎麼樣？」

冉求回答說：「一個約六七十里平方，或者五六十里平方的國家，如果讓我去治理，等到三年，就可以使老百姓富足起來。至於修明禮樂，那就只得另請高明了。」

孔子又問：「公西赤，你怎麼樣？」

公西赤回答說：「我不敢說能夠做到，只是願意學習。在宗廟祭祀的事務中，或者在諸侯會盟，朝見天子時，我願意穿著禮服，戴著禮帽，做一個小小的贊禮人。」

孔子又問：「曾點，你怎麼樣？」

這時曾點彈瑟的聲音逐漸稀疏了，接著鏗的一聲，放下瑟站起來回答說：「我和他們三位的看法不一樣呀！」

孔子說：「那有什麼關係呢？不過是各自談談自己的志向罷了。」

曾點說：「暮春時節，春天的衣服已經穿上了，我和五六位成年人，六七個青少年，到沂河裡洗洗澡，在舞雩臺上吹吹風，一路唱著歌兒回來。」

孔子長歎一聲說：「我贊同曾點的想法呀！」

（附註：）子路、冉有、公西華三個人都出去了，曾皙留在後面。曾皙問：「請問剛才三位同學的志向如何呢？」

孔子說：「也不過是各自談談自己的志向罷了。」

曾皙說：「您為什麼笑仲由呢？」

孔子說：「治理國家要講究禮讓，可是他說話卻一點也不謙讓，所以我笑他。」

（曾皙問：）「難道冉求所講的就不是國家大事嗎？」

（孔子答：）「哪裡見得六七十平方里或五六十平方里就不是國家大事呢？」

（曾皙問：）「那公西赤所講的不是國家大事嗎？」

（孔子答：）「宗廟祭祀，諸侯會盟和朝見天子，講的不是諸侯的大事又是什麼呢？如果公西赤只能做個小小的贊禮人，那誰能去做大的贊禮人呢？」

(2)子曰：「衣敝縕袍①，與衣狐貉②者立，而不恥者，其由也與？『不忮不求，何用不臧③？』」子路終身誦之。子曰：「是道也，何足以臧？」（〈子罕〉二六）

①**衣敝縕袍**：衣，音「義」，穿著。敝，破。縕，音「運」。縕袍，舊絮製成的袍子。穿著破舊的袍子。

②**狐貉**：貉，音「合」。用狐貉皮製成的上等袍子。

③**不忮不求，何用不臧**：出自《詩經》〈邶風．雄雉〉篇。忮，音「至」，忌恨，嫉妒。臧，音「髒」，善。不忌恨也不貪求，順這樣的心去做事，那裡還會做出不好的事呢？

【語譯】孔子說：「我的弟子之中，能穿著破舊的袍子和身披狐皮的朋友站在一起，卻不以之為恥者，可能只有子路一個人吧！就像詩經說的『不忌恨也不貪求，那裡還會行事不善呢？』」子路聽了非常高興，並以此作為一生的目標。孔子（認為他太得意了）乃說：「這只是正道而已，哪裡值得如此洋洋得意呢？」

(3)子之武城，聞弦歌之聲。夫子莞爾①而笑，曰：「割雞焉用牛刀？」子游對曰：「昔者偃也聞諸夫子曰：『君子學道則愛人，小人學道則易使也。』」子曰：「二三子，偃之言是也，前言戲之耳。」（〈陽貨〉四）

①**莞爾**：莞，音「晚」，微笑。

【語譯】孔子到魯國的武城探望弟子子游，遠遠就聽到音樂傳來。孔子微笑著說：「治理小邑哪裡需要用到禮樂教化呢！」子游分辯著說：「過去我曾經聽過您的教誨：『上位者學習禮樂就能愛護人民，下位者學會禮樂則容易配合。』」孔子說：「弟子們，言偃的話是對的，我剛才只是說說笑話罷了！」

文意解析

現代的教學目標，主要在師生間的知識傳授。然而也有老師猶具古風，同時關注人格修養、人生志業的互動和培育，這種古風正源始於孔門。在第一則選文裡，鮮活地顯現了孔門的師生互動。老師以非常親切的態度鼓舞弟子，說出他們的志業，而學生也各以他們如實的性格回應老師的提問。先是直率的子路衝口而出，他說如果把一個兵連禍結、受盡大國欺凌的國家交給他，只要三年，他就有把握讓這個國家重新走上軌道，人民也都能嚮慕道義，勇於抗禦外侮。你看這是多大的口氣啊！當然，這話說得似乎也有些輕率，把問題看得有些輕易了，但孔子也只是淡淡地笑了笑，而不是把他教訓一頓。至於冉求和公西華就有些謹慎了。冉求只敢說把個小國交給他，他自認有本事在三年內讓人民豐衣足食，但不敢說可以引導人民走上禮樂之途。公西華則更謹慎，他自認有本事協助國君做好祭祀與會盟的事。可是他們如果眞能做好這些事，一個國家不就上軌道了嗎？這又豈是小事呢？從這裡，你會不會覺得孔門弟子的氣魄都很大呢？我們現在的師生有這樣大的人生志業與關懷嗎？而曾晳的講法就更有意思了。表面上看，他的志向似乎沒有其他幾位同學大，可是他描繪了一幅多麼和樂、恬靜與優美的圖像啊！暮春時節，一群人穿著新做的春衣，聚在河邊，大家一起洗去一個冬天累積的穢氣，然後唱著歌回家，如果我們的生活都是如此祥和，你不覺得人生美滿嗎？然則是什麼樣的心胸，才能爲自己描繪出如此的志業呢？所以孔子要特別表示他對曾晳的讚許了。正是這樣的心胸與氣魄，才能養成像子路這樣的人格，讓雖然貧窮的子路站在富貴人家邊上，也一點都不會覺得矮人一截。當然，也只有孔子這樣的老師看得出他學生這樣的人品，並稱許這樣的人品自能守住自己所應爲的分寸，而不會爲貪妒所動搖，以致做出不好的事。這裡你是不是感受到了，孔子他們師生之間，那種對人格修養與人生志業的追求呢？而在第三則選文裡，我們便看到了子游對這種志業的具體實踐，他讓整個武城浸潤在弦歌聲中，這該是個多麼安和的城市啊！另一方面，這幾則選文也讓我們看到了他們師生互動的另一個面相。當子路對孔子的誇讚感到沾沾自喜時，孔子也會立刻糾正他，告訴他人本來就該如此，所以也沒什麼好得意的。而孔子對子游開了一個不甚恰當的玩笑時，學生也會當場根據道理來抗辯，老師也不會為了面子而死不認錯。這種親切、平等，而且專注在人格修養、人生志業上的師生互動模式，對我們有些什麼啓發呢？你是否也嚮往著這樣的師生相處之道？

相關章句

(1)子曰：「二三子①以我爲隱②乎？吾無隱乎爾。吾無行而不與二三子者，是丘也。」（〈述而〉二三）

①二三子：同學們。

②**隱**：隱藏學問不教給大家。

【語譯】孔子說：「同學們，你們真的以為我隱瞞什麼沒有傳授嗎？我才沒有隱瞞什麼呢！我從來沒有任何言行，不和你們共享共事，這才是我孔丘的作風啊！」

問題與討論

(1)讀了孔子和他的弟子們討論志向的話之後，你有何感想呢？如果現在老師也要你來談談你的志向，你會如何回應呢？為什麼？

(2)你可以比較一下，孔子和他的弟子們的師生關係，和你們班級裡的師生關係，有什麼差別嗎？你喜歡哪一種關係呢？為什麼？

第三單元

立志與為學

前言

人是文化的動物，從出生就開始接受家人的教導，稍長繼續在更大的社會群體中學習，以至於成爲學子。對孔子來說，學習——全心的學習——不僅在學會若干技藝，更是一輩子保有的生活方式。怎能做到？有了眞心嚮往、值得奉獻全部生命的遠大志向，學習的步伐自然停不下來。因此，爲學首重立志，有志然後有學。孔子教導的是求道之志，求道者的學習即是涵蓋了全人格的德行之學。德行要由每個人內心的情意和良知作爲指引，透過效法他人、擇善而從，同時也經過種種知識技藝的學習歷程，而後成就美好的人格。德行是面向自己的「爲己之學」，永遠在反省自己，關懷他人，進而完善世界。孔子說出自己的親身體驗，向學子呼喚：請試試看，這樣的學習充滿愉悅，絕非苦差事；而且，它還是漫長的人生旅途中最穩固可靠的支柱。這個單元始於立志，終於學習的快樂，而以德行之學貫串全篇。

第一節　立志：開啟遠瞻的航圖

選文與註釋

(1)子曰：「三軍可奪帥也，匹夫不可奪志也①。」（〈子罕〉二五）

①**匹夫**：一個人，有著毫無憑藉的涵義。

【語譯】孔子說：「即使三軍之眾，如果士氣渙散，連主帥都會被劫奪；但若一介匹夫意志堅定，誰都不能改變他的心志。」

(2)子曰：「志於道①，據於德②，依於仁③，游於藝④。」（〈述而〉六）

①**志於道**：志，一心嚮往。道，人生理想的道路。

②**據於德**：據，執守。德，經由努力學習所養成的美德。

③**依於仁**：依，遵循、依靠。仁：心中的良知與感動。

④**游於藝**：游，優游、涵泳，有陶冶之意。藝，技藝，如詩書禮樂、理財用兵，乃至射、御、書（文字書寫）、數（算數）等專門的知識技能，當時都是一種藝。

【語譯】孔子說：「士人應該一心嚮往正道，並努力執守修道所得之美德，平時遵循著仁心行事，並時時遊習於六藝之間，以陶冶心志。」

(3)子曰：「當仁，不讓於師。」（〈衛靈公〉三五）

【語譯】孔子說：「面對於行仁之事，弟子可以不謙讓於師，行於所當行。」

(4)子曰：「君子不器①。」（〈為政〉十二）

①**君子不器**：器，器具，在此做動詞。君子不像器具般，只做特定用途。

【語譯】孔子說：「有才德的人不像器皿一般，只有固定的功能。」

(5)顏淵①、季路侍。子曰：「盍各言爾志②？」子路曰：「願車馬衣裘③，與朋友共，敝④之而無憾。」顏淵曰：「願無伐善，無施勞⑤。」子路曰：「願聞子之志。」子曰：「老者安之，朋友信之，少者懷之⑥。」（〈公治長〉二六）

①**顏淵**：名回，字子淵，孔子弟子。
②**盍**、**爾**：何不。爾：即「你」，對晚輩使用的第二人稱（單複數皆可）。
③**裘**：皮衣。
④**敝**：磨損老舊。
⑤**願無伐善，無施勞**：伐善，誇耀才能與優點；施勞，宣揚辛勞。兩句話都指自己。
⑥**「老者安之」三句**：安，安養。信，誠信對待、表裡如一。懷，關愛照顧。「之」分別指老者、朋友和少者。

【語譯】顏淵和子路（子路一字季路）陪侍孔子而坐。孔子說：「何不各自談談你們的志向呢？」子路說：「我希望自己的車馬和衣服都能和朋友分享，即使朋友用壞了也沒有遺憾。」顏淵說：「我希望能不誇耀自己的才能，表彰自己的功勞。」子路說：「希望聽聽老師的志向。」孔子說：「我希望所有的老年人都得到安養，朋友都能彼此誠信相待，少年人也能得到關懷照顧。」

文意解析

許多偉大的生命故事，都有個開端。這兒說的不是每個人的出生、家庭或者生活環境，而是他在某個時刻聽到了發自內心的召喚，擁有了永生不移的憧憬和熱情。從那時開始，獨特的成長歷程一步步造就出一個不可思議、無可取代的人格。這個開端，就是古人所謂「立志」。內心的召喚擁有無比的力量，任何壓力都動搖不了。人生全部的理想，孔子稱之爲「道」；一個朝著理想邁進的人，有著實實在在的體驗、點點滴滴的領會，從中養成了自己生命獨有的特質，這就是「德」。「道」是有志之士永無止境的嚮往；「德」卻是自己甘苦備嘗之所得，要善加珍惜，不可讓它變質失落。在這樣的成長歷程裡，「仁」——心中對人、對事的感動與良知，是最親密、最可依循的指引，也讓我們學會關愛他人。除了「仁」，生命裡沒有更高的權威。然而，我們多數的學習時間，卻是用在「藝」——技能、知識上面，技能、知識的種類多如牛毛，幾乎任何一項也都沒有止境。靠著藝能，我們可以「成器」，培養有用的特殊能力，這並不容易；然而，君子卻不僅以才能自詡。他嚮往

「道」、珍惜「德」、依循「仁」，對人生滿懷熱情，因而在根據自己的天分和機緣學習藝能的同時，生命也得到全方位的成長，充滿了令人驚奇的可能。這，是孔子所教導的學問之道。一輩子的目標，要能在一步步前進中落實，這種當下的努力目標也是「志」。子路和顏淵回答孔子的詢問時所說的「志」，一點兒都不像現在許多人從小所寫的志願。子路希望自己不僅能與朋友分享所有，而且是由衷地樂於分享；顏淵希望自己不僅能爲善和奉獻力量，而且絲毫沒有炫耀得意的心態。他們說的，是念茲在茲的自己不足之處，並不與他人比較。而孔子呢？只求做到爲每個人不同的需求著想。他們關心社會，但所謂的志卻都屬於自己的本分；由自己掌握的，才是永遠能落實的學問。

相關章句

(1)子曰：「古之學者爲己①，今之學者爲人②。」（〈憲問〉二五）

①**為己**：出於自己內心的追求。
②**為人**：爲了迎合他人的眼光。

【語譯】孔子說：「古代的學者往往為了自己的進德修業而學習，現在的學者卻常常為了迎合他人的目光而學習。」

(2)子曰：「**士志於道，而恥惡衣惡食①者，未足與議②也。**」（〈里仁〉九）

①**恥惡衣惡食**：惡，音「餓」，粗劣。因爲生活貧窮而感到羞愧。

②**未足與議**：議，切磋討論。這樣的人必無眞實心得值得請教；若是志道而有得者，必然不會將外在成就的高低作爲評判的標準。

【語譯】孔子說：「一個士人如果有志行道，卻以粗陋的衣食為羞愧的，就不值得和他議道了。」

(3)子夏曰：「**博學而篤志①，切問而近思②，仁在其中矣。**」（〈子張〉六）

①**博學而篤志**：開闊心胸廣泛學習，而且發自誠摯堅定的志向。

②**切問而近思**：所質疑思索的，都是切近自己的事情。兩句話說的是，眞正發自內心、面向自己的學習，並不爲了炫耀迎合。

【語譯】子夏說：「一個士人若能廣博的學習，並且堅定志向；從切近自己內心的角度發出質疑、進行思考，那麼久而久之，仁道就在實踐之中產生了。」

問題與討論

(1)你有沒有半途而廢的學習經驗？原因是什麼？你感到最有熱情的學習目標，又是什麼？你是否擁有一輩子要追求的理想？

(2)在每個時代裡，都有些對特殊事物充滿狂熱、因而造詣精湛的人，你知道什麼人發現自己最大志趣、從此堅定不移的故事嗎？許多人會說，那是一名天才天生注定的特質。請問：用「天才」來解釋，是否都合適？是否都足夠？

第二節　成德：創造良善的品德

選文與註釋

(1)子曰：「弟子①入則孝，出則弟②，謹而信③，汎愛眾而親仁④。行有餘力，則以學文⑤。」（〈學而〉六）

①**弟子**：爲人子或弟者，在此泛指少年。
②**入則孝，出則弟**：弟，音「替」，通「悌」。在家庭裡孝敬父母，在家庭外善事長輩。
③**信**：誠實。
④**汎愛眾而親仁**：對所有人普遍關愛，又喜歡親近仁者。
⑤**行有餘力，則以學文**：文，即《詩》、《書》禮樂等文化內容。這句話意思是說，行爲教育優先，知識學習是次要的。

【語譯】孔子說：「為人子弟在家要孝順父母，出門要善事長輩，友愛朋友，持守著謹慎而信實的態度，並且廣博的關愛大眾，更要親近有仁德的人。在這些生活實踐之後若有多餘的力量，就用來學習詩書六藝之文。」

(2)**子曰：「三人行①，必有我師②焉。擇其善者而從之，其不善者而改之。」（〈述而〉二一）**

①**三人行**：三人同行。形容人數不必多，一人是自己，對另外兩人就可透過比較來學習；同行是用來代表平常時候。

②**師**：學習的對象。

【語譯】孔子說：「若三人同行，必定會有我的學習對象。我們可以選擇其中品行好的來效法他，並且選擇其中不好的來改正自我的缺失。」（其不善者：選擇不善者的省略）

(3)**子曰：「學而不思則罔①，思而不學則殆②。」（〈爲政〉十五）**

①**學而不思則罔**：學，效法，指遵循前人成軌的學習。罔，通「惘」。不加思考的學習仿效，會陷於迷惘。

②**思而不學則殆**：殆，困頓。不求驗證的思索空想，會困頓沮喪。

【語譯】孔子說：「若是只學習仿效他人的成軌卻不思考就容易迷惘困惑，若只思索空想而不實際落腳學習則會危殆不安。」

(4)曾子曰：「以能問於不能，以多問於寡①；有若無，實若虛②，犯而不校③。昔者吾友嘗從事於斯④矣。」（〈泰伯〉五）

①**以多問於寡**：多、寡，指多聞、寡聞。

②**有若無，實若虛**：形容學養越是深厚，越是謙卑，毫不得意矜誇。

③**犯而不校**：校，音「叫」。遭人冒犯侮辱也不計較。

④**吾友嘗從事於斯**：這是我的同輩朋友（也就是孔門弟子）學習的目標。

【語譯】曾子說：「有德者能以具有能力的本質向那些能力較差者請教，用學養深厚的本質向學識淺薄者請教；明明是具備才德卻好像沒有一般，明明學養豐厚卻自以為無知，即使有人冒犯他，他也從不計較。過去我的朋友曾經在這些地方下過工夫。」

(5)**子曰：「譬如爲山①，未成一簣②，止，吾止也③；譬如平地，雖覆一簣④，進，吾往也⑤。」**（〈子罕〉十八）

①**為山**：堆土成山。

②**未成一簣**：簣，音「愧」，盛土的器具，即筐。只缺一筐土而未堆成。

③**吾止也**：我是停頓沒有進步的。

④**雖覆一簣**：縱然才倒下一筐土。

⑤**進，吾往也**：只要繼續不斷，我就正在邁向目標。

【語譯】孔子說：「求學的過程就像堆土成山，最後只差了那麼一堆土還沒有堆成，這時你若停止了，那也是你自己停止放棄的。而堆土成山也必然是從平地上倒第一堆土開始，雖然倒第一堆土只是開始，離真正成山還很遙遠，但只要你持續不斷，終有成功的一天。」

文意解析

孔子認爲，一輩子德行的學習，應在年少時培養根基。在父母、長輩的呵護引導下，平實地養成恭敬體貼、循規蹈矩的態度，展現謹愼誠懇的情意，對所有人都關懷，喜愛親近有道德、有愛心的人——這些待人處事的涵養是一輩子的資產，遠比知識學習更爲優先。他人的長處和短處，善與不善，只要肯用心，都不難瞭解。優點固然值得學習，即使缺點也可以讓我們警惕反省。學習仿效是「學」，分辨判斷便是「思」，「學」與「思」正如車之兩輪，缺一不可。德行之學不是來自空想，也不是書本上的知識，而是時時刻刻思索實踐的學問。少了思考判斷，哪知道該學習什麼？不肯向他人的作爲、德行學習，只依循自己的思索分辨，學習的道路會多麼的艱難貧乏，怎能走得愉悅而久長？最勇敢的人，才能面對自己的怯懦；最堅強的人，才能正視自己的軟弱；最豐沛充實的生命，才由衷的虛懷若谷，而毫不輕視他人。曾子指出孔門弟子對自我德行的嚴格要求，恰似爲前一節子路、顏回所說的志願，寫下最好的註腳。「功虧一簣」是大家熟知的成語，對長久的努力、卻在最後時刻放棄堅持，帶有深深的惋惜。任何學習和事業都適用這句話，但用在德行上意味更深長。從事德行之學，要聽從內在的指引，抗衡他人的眼光，尋求心靈眞實的滿足，淡薄世俗認可的成就，這樣的路許多人並非不知道，但決心選擇的並不多，能誓不放棄、堅持到底的更爲稀少。「千里之行，始於足下」，只要肯在每個當下盡心，就能有不斷進步的喜悅，才可望有圓滿成就的到來。

相關章句

(1)**子以四教①：文，行，忠，信②。**（〈述而〉二四）

①**子以四教**：孔子對弟子的教導有四件事情。

②**文行忠信**：文，同「則以學文」的文。行，德行。忠，忠實盡心。信，誠信如一。

【語譯】孔子用四件事來教導學生：詩書之文，行事操守，忠實盡心，誠信如一。

(2)**子曰：「吾十有①五而志於學②，三十而立③，四十而不惑，五十而知天命④，六十而耳順⑤，七十而從心所欲不踰矩⑥。」**（〈爲政〉四）

①**有**：音「右」，通「又」。自十有五以下，都指概略的年齡。

②**志於學**：立志向學。

③**立**：堅定自主。

④**知天命**：領悟上天賦予自己的一份特有的使命。

⑤**耳順**：能領會不同人言語中的真實心意。

⑥**從心所欲不踰矩**：隨心所欲也不會踰越規矩。

【語譯】孔子說：「我十五歲就立志向學，三十歲就能堅定自主，四十歲對事理就沒有疑惑，五十歲能領悟上天的使命，六十歲則能領會不同人話語中的真意，七十歲能隨心所欲的行事，也不會踰越規矩。」

(3)子張學干祿①。子曰：「多聞闕疑，慎言其餘②，則寡尤③；多見闕殆，慎行其餘④，則寡悔。言寡尤，行寡悔，祿在其中⑤矣。」（〈爲政〉十八）

①**干祿**：求得薪俸，意指出仕。士必須出仕任職，才能領得薪俸。

②**多聞闕疑，慎言其餘**：多聽而慎言，可疑的訊息、意見要仔細分辨，不輕易出口。

③**寡尤**：他人的不滿會很少，因爲不會給人錯誤的意見。

④**多見闕殆，慎行其餘**：多見而慎行，不穩妥的行爲要仔細分辨，不輕易施行。

⑤**祿在其中**：努力學習，言行少差錯，自能贏得信賴和尊重，而得到出仕的好機會。

【語譯】子張想要學習謀取薪俸（出仕）的方法。孔子說：「多聽取他人的言論，而把有疑惑的擱下來，謹慎表達其他有把握的言論，就會減少他人的不滿；多見識他人的作為，再把不穩妥的措施擱下來，謹慎施行其他有把握的，就會減少自己犯過的悔恨。如果言論很少遭致不滿，行事又很少遭致怨尤，那麼出仕的功名就在其中自然可得了。」

問題與討論

(1)從小的家庭生活和教育，對你的成長、性格發生怎樣的影響？你認為這樣的成長經驗給了你哪些重要的資源？是否也有些性格上的局限？

(2)平常觀察別人，你最留意哪些事情？你是否透過觀察向朋友學習過？現在想來，那是好的、還是不好的經驗？

第三節　學習：領略生命的至樂

選文與註釋

(1)子曰：「學而時習之①，不亦說②乎？有朋③自遠方來，不亦樂乎？人不知而不慍④，不亦君子⑤乎？」（〈學而〉一）

①**學而時習之**：學，效法。時習：適時實踐履行，以印證所學。之：指所學的事物。
②**說**：音「悅」，通「悅」，心中喜悅。
③**朋**：有志一同的友朋，也包含學生在內。
④**慍**：音「運」，心中含有怨怒。
⑤**君子**：此指成德之人。

【語譯】孔子說：「若學習之後，還能適時實踐以印證所學，不也是心中的喜悅嗎？有朋友從遠方來共學，不也非常快樂嗎？別人如果不知道我的才學，我的心中卻不埋怨，不也是一種君子的成德風範嗎？」

(2) **子曰：「飯疏食①，飲水②，曲肱而枕之③，樂亦在其中矣。不義而富且貴，於我如浮雲。」**（〈述而〉十五）

①**飯疏食**：飯，吃。食，音「似」。疏食，粗糙的食物。

②**飲水**：喝水，意謂貧窮得沒有酒漿可以享用。

③**曲肱而枕之**：肱，音公，胳膊。枕，音「震」，墊頭。彎著臂膀當枕頭小臥。

【語譯】孔子說：「（如果行事合義），即使吃著粗糙的食物，喝著水而無酒享用，彎著手臂當枕頭休息，快樂也自在其中。如果不合義而得到了富貴名利，對我而言就有如過眼浮雲一般，毫不值得眷戀。」

(3) **葉公①問孔子於子路，子路不對②。子曰：「女奚不曰③：『其為人也，發憤④忘食，樂以忘憂⑤，不知老之將至云爾⑥。』」**（〈述而〉十八）

①**葉公**：葉，音「射」，楚國縣名。葉公名沈諸梁，字子高，是楚國大夫，為葉縣尹，

楚國稱縣尹爲公，故稱葉公。

②**不對**：沒回答。

③**女奚不曰**：女，音「乳」，通「汝」。你怎麼不說。

④**發憤**：形容熱情專注，不能自已的樣子。

⑤**樂以忘憂**：以，通「而」。快樂得忘了煩惱。

⑥**云爾**：語尾詞，表示「就這麼說」。

【語譯】楚國的葉縣縣尹向子路詢問孔子的為人，子路一時不知如何回答（回來轉告孔子）。孔子說：「你怎麼不說：他這個人的為人啊！熱切追求學問時會忘了吃飯，學有所得就快樂得忘了煩惱，不知老年就快要來臨了。」

(4)**子曰：「吾未見好德如好色者也。」**（〈子罕〉十七）

【語譯】孔子說：「我從未看過一個人喜好修養的程度，超越喜好美色啊！」

(5)**子曰：「知之者不如好之者①，好之者不如樂之者②。」**（〈雍也〉十八）

①**知之者不如好之者**：之，指所知、所學的事物。僅是知道的人，相較於深深愛好的人，對事物的領會深淺不同。

②**樂之者**：樂此不倦的人。

【語譯】孔子說：「瞭解所學事物的人比不上喜好學習的人，喜好學習的人又比不上樂在其中的人。」

文意解析

《論語》一書有二十篇，各篇通常以第一章的第一句話得名。〈學而〉是《論語》第一篇的第一章。今天常說的「學習」一詞，源出於此，將「學」和「習」連結起來也是孔子思想的結晶。這裡選出的幾章，都傳達出孔子和他的弟子浸淫於學習的心情和生活態度。孔子曾形容自己：「學而不厭，誨人不倦。」（「厭」是滿足的意思）他一輩子好學不倦，樂在其中，也將所學的收穫和學習實踐的生活毫無保留地與人分享。孔子一生，所學、所習和所教合成一件事情。他的爲學，與自覺、反省、成長、關懷和奉獻息息相關，所謂「學而時習」，遠不止於專業知識的複習，更是在各種生活情境和待人處事之中，不斷驗證所學，努力完善自己，善待他人。「學」的本義是由仿效到領悟的過程，「習」則是在實行中將所學融進生命。一旦心的覺醒與生活實踐適切地結合起來，那麼學習便不是苦差事，而滿是成長的愉悅。有志氣相投的友朋遠來切磋或受學，共鳴分享的快樂更令人沉醉。雖然聽從內心召喚、全心奔赴理想的人，總有他人不易瞭解，甚至無法欣賞的時候，但若人生有了更高的修養，內在成長的快樂將足以使他對此種孤寂毫不介意。如孔子和顏回，就是體會到學習的至樂之人。孔子在周遊列國時備嘗艱辛。當他約六十三歲時，陳國遭受戰亂，孔子倉皇，師生在途中絕糧受饑，好不容易到了楚國占領的蔡地，才受到葉公的接濟。葉公對孔子不甚瞭解，向子路（大概是作爲孔子的使者）詢問孔子是什麼樣的人。子路面對自己滿心崇敬，卻正挨餓、狼狽失意、而且已經衰老的老師，眞不知該如何介紹。孔子幽默地向子路做了自我介紹：你何妨這麼說，他狂熱地學習，可以忘記沒有東西吃；他自己開心，可以忘了所有的憂愁；他也沒發現自己已將老了。什麼是熱愛？見到美好的德行，能否如見美色般怦然動心？一切知識、技能或德行，有了熱愛便能使它發光；能樂在其中而別無所求，便能達到不可思議的境界。德行之愛是孔子最重要的教導。

相關章句

(1)子曰：「富而可求①也，雖執鞭之士②，吾亦爲之。如不可求，從吾所好③。」（〈述而〉十一）

①**富而可求**：而，如果。可求，是指合於道義，求而可得。

②**執鞭之士**：駕車的人，比喻擔任僕役。

③**如不可求，從吾所好**：不合道義，或者追求也未必可得，則不如遵循自己的眞心喜好。

【語譯】孔子說：「如果財富是追求就必定可以得到的，即使是駕車（擔任僕役）的人我也願意去做。如果財富是不必然追求就可得的，那我不如遵循心中真實的理想去行事。」

(2)子曰：「君子食無求飽①，居無求安②，敏於事而愼於言，就有道而正焉③，可謂好學也已。」（〈學而〉十四）

①**飽**：味美。

②**安**：形容住處的舒適。

③**就有道而正焉**：主動親近有道之人請求指正自己的缺失。

【語譯】孔子說：「有才德的人不求飲食的飽足和居所的安逸，平時勤敏行事並謹慎言詞，親近有德者以修正自己的行為，這樣的人可以稱得上是好學了。」

(3)**子曰：「十室之邑①，必有忠信如丘②者焉，不如丘之好學③也。」**（〈公冶長〉二八）

①**十室之邑**：形容規模很小的村落。

②**忠信如丘**：忠信，忠厚誠實。丘，孔子稱自己的名。

③**不如丘之好學**：孔子表示，自己與一般忠信之人的差別，是由於他能愛好學習，而非天賦不同。

【語譯】孔子說：「就算只有十戶人家的小地方，一定有像我孔丘這樣忠厚誠實的人，只不過不如我孔丘那麼好學罷了！」

問題與討論

(1)孔子與顏回究竟享受著什麼樣的快樂，能不能與我們的經驗連結，得到比較好的理解？

(2)孔子是個終身學習，並能將所學投入到社會關懷的典範人物，無論在現在的台灣社會或是整個世界，是否也有令你景仰的終身學習、關懷人群的人格典範？請介紹他們。

第四單元

問孔子「仁」是何物？

前言

「仁」不僅是通貫《論語》全書的核心精神，亦為孔子中心思想之所在。但「仁」是什麼呢？何以為孔門師生所津津樂道？它傳達了什麼智慧？又展現了何種關懷？時至今日，它如何幫助年輕學子成長？又如何與現代社會接軌？為了明晰地回應上述問題，本單元將依以下三節來進行討論：

第一節「仁德的指點」。孔子談「仁」，深具個別特殊性與實際情境性，因此必須重新回到他們師生的教學現場來掌握，透過弟子問仁、孔子指點仁德的五則選文，逐步探入仁德的意涵。據此，可以發現，孔子所關心的不惟在「仁」是什麼？而是每一位弟子如何在仁德的實踐中，認識自己，發現自己。

第二節「仁心的自覺」。孔子從「不安」提點仁心之所在，如同三年喪制的存在即在安頓人內心情感的需求，從而建立倫理的規範。孔子有感於當時社會變亂、文化衰敗，已逐漸喪失周公制禮作樂的精神，因此主張以仁為禮樂注入新生命，可見仁正是孔子解決時代問題的良方，而仁的力行實踐，即在當下仁心的自覺省悟。曾子告訴我們，作為一個知識分子，尤當以剛健弘毅的精神承擔起這任重道遠的人生使命，進而將仁德傳承具現在自己的生命實踐之中。

第三節「仁者的格局」。孔子不輕易許人以「仁」，卻稱美當時道德評價有瑕疵的管仲「如其仁」；殷有三賢，行事作為各自不同，孔子卻皆謂之為「仁人」。這幾則孔子論人以「仁」的案例，使孔子「仁」的意涵展現出更為恢弘的格局，並幫助我們進一步解開「仁」的大義與妙用。相信透過以上三節的探討，孕育於傳統的孔子之「仁」，將不再遙不可及、抽象不可解，經由認識與實踐，我們當能以融舊納新的精神，賦予兩千多年前的「仁」與時俱新的意義。

第一節　仁德的指點

選文與註釋

(1)樊遲①問仁。子曰：「愛人。」（〈顏淵〉二二）

①**樊遲**：名須，字子遲，孔子弟子。

【語譯】樊遲問孔子如何行仁。孔子說：「要泛愛眾人。」樊遲好問，其中「愛人」的指點最親切平實，即與人接觸時展現善意，所有人皆可實踐。

(2)司馬牛問仁。子曰：「仁者其言也訒①。」曰：「其言也訒，斯謂之仁已乎？」子曰：「爲之難②，言之得③無訒乎？」（〈顏淵〉三）

①**訒**：音「認」，忍、難。說話有所忍耐，不輕易出口。

②**為之難**：確實實行起來極其困難。

③**得**：能、可以。

【語譯】司馬牛問孔子如何行仁。孔子說：「一個仁者的話是有所忍耐，不輕易出口的。」司馬牛說：「一個人說話不輕易出口，就可以稱得上是仁者嗎？」孔子說：「要做好這件事是十分困難的，我們說話時難道不需要有所忍耐嗎？」

(3)顏淵問仁。子曰：「克己復禮①爲仁。一日克己復禮，天下歸②仁焉。爲仁由己，而由人乎哉③？」顏淵曰：「請問其目④。」子曰：「非禮勿視，非禮勿聽，非禮勿言，非禮勿動。」顏淵曰：「回雖不敏，請事斯語⑤矣。」（〈顏淵〉一）

①**克己復禮**：克，勝。克己，約束自己。復，返。復禮，使言行舉止都合理。

②**歸**：稱許。

③**為仁由己兩句**：行仁是自發的，難道還仰賴著別人嗎？

④**目**：具體條目。

⑤**請事斯語**：事，從事。願意照這些話去做。

【語譯】顏淵問如何行仁。孔子說：「克制自己，使言行舉止合乎禮就是仁的表現。如果你哪一天能夠克己返禮，那麼全天下的人都會稱許你的仁德了。行仁是自發的，難道還要仰賴別人嗎？」顏淵說：「請問行仁的具體條目為何？」孔子說：「若是不符合禮的事，就不要輕易的去看、去聽、去說和去做。」顏淵說：「我顏回雖不夠聰敏，但希望能依照著您的教導去做。」

(4)仲弓①問仁。子曰：「出門如見大賓②，使民如承大祭③。己所不欲，勿施於人。在邦④無怨，在家⑤無怨。」仲弓曰：「雍雖不敏，請事斯語矣。」（〈顏淵〉二）

①**仲弓**：姓冉，名雍，字仲弓，孔子弟子。
②**見大賓**：大賓，尊貴的賓客。見大賓應態度恭敬。
③**承大祭**：使民，使役治理人民。承，承辦。大祭，隆重的祭祀。承大祭應態度恭敬。
④**邦**：指諸侯邦國。
⑤**家**：指卿大夫之家。

【語譯】仲弓問孔子如何行仁。孔子說：「出門行事要像迎見尊貴的賓客一般謹慎，治理人民也要像承辦隆重的祭祀一般恭敬。自己所不想要的態度或行事，就不要施加在別人身上。如果能夠如此實踐，不但在諸侯之邦不會遭受抱怨，在卿大夫之家也不會遭受抱怨。」仲弓說：「我冉雍雖不夠聰敏，但希望能依照您的教導去做。」

(5)**子貢曰：「如有博施①於民而能濟眾②，何如？可謂仁乎？」子曰：「何事於仁③，必也聖乎！堯舜其猶病諸④！夫仁者，己欲立而立人⑤，己欲達而達人⑥。能近取譬⑦，可謂仁之方⑧也已。」**（〈雍也〉三十）

①**博施**：廣施恩澤。
②**濟眾**：濟助眾人。
③**何事於仁**：這那裡只是仁者呢？
④**其猶病諸**：其，推測語氣。病，感到不足。是說或許還遺憾做不到這樣呢！
⑤**己欲立而立人**：立，依正道立身處世；立人，協助他人依正道立身處世。
⑥**己欲達而達人**：達，通達正道；達人，協助他人通達正道。
⑦**能近取譬**：能就近以自身做譬喻，而推及他人。
⑧**仁之方**：仁的實踐方法。

【語譯】子貢問：「如果有一位廣施恩澤於民，又能濟助眾人的人，可以稱他為仁者嗎？」孔子說：「哪裡只是仁者呢？必然是一位聖人吧！連堯舜恐怕都做不到呢！一個真正的仁者，自己想要依正道立身處世，也能協助他人立身處世；自己想要通達正道，也要協助他人通達正道。能夠就近以自身為譬喻，而推及他人，可說是實踐仁道最恰當的方式了。」

文意解析

樊遲好問，在《論語》留下三次問仁的記錄。其中「愛人」的指點最爲親切平實，即與人接觸時展現善意，所有人都可以當下實踐，不分身分貴賤，或能力高下。問題是，道理雖簡單，但立即去做才是最重要的。

第一則選文可說是孔子對弟子問「仁」的一般性指點。司馬牛多言而躁。「仁者其言也訒」，是孔子針對他性格的個別指點，指點他對「多言而躁」善加約束，使自己的愛心善念能順暢地表達出來。孔子心目中訥言敏行是容易表現仁德的，他亟欲導正時人巧言令色的行爲，尤其是言過其行、華而不實者。在「其言也訒」的指點處，表現了仁是一種內心的實感，這實感引生一種自我改善的力量。當然自我改善要貫徹始終並不容易，孔子所說的「爲之難」就是一種警惕。這則選文顯示出孔子對弟子問「仁」的針對性指點，針對弟子的個性，指點出實踐仁德的方法，使他能夠眞切受用。

顏淵才德兼美，孔子對他向來寄予厚望，故答以「一日克己復禮，天下歸仁焉」的期許。「爲仁由己，而由人乎哉？」點明仁是自發的，是對於自己的忠誠。「克己」是基於對自己的愛與關心，而約束自己的言行舉止；對自己有約束力，才能由內而外，由近而遠，進而在復禮的實踐過程中體現仁的大用。具體而言，即從「非禮勿視」等具體的四個行爲條目著手，使視、聽、言、動合乎禮（合理）而成爲仁德的展現，並落實於人倫日用之間。孔、顏師生這一段問仁的對話，從日常生活最切近處著手，以求實現仁禮並進、內外兼修的理想。

仲弓德行好，可使南面，有人君之度，是個國家級的人才。因此當他提出仁的問題時，孔子便答以修己安人的從政之道。在言行作爲上，孔子期許仲弓能莊重虔誠、謹愼恭敬，並且時時奉行「己所不欲，勿施於人」的道理。即要能將心比心，實踐恕道。透過如此內外兼修的努力，不論在諸侯之邦或大夫之家任職服務，都能做到順性安民，沒有人抱怨的地步。

子貢口才佳，心眼高，一出口就拉至「博施濟衆」的聖王格局；孔子則指點他不要好高騖遠，當從切近踏實處出發。在此孔子提出比「己所不欲，勿施於人」更爲積極的態度。所謂「能近取譬」是就「己欲立而立人，己欲達而達人」處說，即在自己欲立欲達的時候，感受到其他人也有這種要求，於是自己也想成全他們，因此在自己欲立欲達的時候，就產生了一種與其他人相感通的感受，而這種感通就是「仁」，也是忠恕更深刻圓融的體現。這一段師生對答，貼切地傳達出子貢的性格，以及孔子補救其短，進而激勵其長的用心。

在第一則選文，孔子以「愛人」來回答樊遲，可說是一般性指點，人人可行。至於第二則選文以下，是針對弟子不同的個性，給予針對性的指點，使弟子能受用。第三、四、五則選文，進一步闡發「仁」即是「忠恕」之道，「忠」就是「盡己」，「恕」就是「推己及人」，己立立人、己達達人更是忠恕的圓滿體現。「仁」就是發現自己良善的存心，此存心即是自愛自惕，並進而能對他人展現一種體貼的關懷。當這種仁德落實於生活的處境時，則必須根據弟子的個性、能力與狀況，加以隨機指點。由此可見，這五則選文，透過孔子的因材施教，展現了出孔子對於弟子的生命指點，也呈現了孔子以「仁」陪伴弟子成長的具體縮影。

相關章句

(1)樊遲問知①。子曰：「務②民之義③，敬鬼神而遠之④，可謂知矣。」問仁。曰：「仁

者先難而後獲，可謂仁矣。」（〈雍也〉二十）

①**知**：同「智」。

②**務**：從事、致力於。

③**民之義**：人倫合宜的道義。

④**敬鬼神而遠之**：遠，音「願」，遠離、不接近。指對鬼神要心存敬畏，但又不生邪念去招引追求。

【語譯】樊遲問如何成為智者。孔子說：「要致力於（帶領人民從事）合於人倫的道義，並且對鬼神存有敬畏之心，卻不過於接近（迷信）鬼神，可以稱得上是智者了。」問如何行仁。孔子說：「一位仁人一定是先考慮行事的難處，設身處地的規劃而實踐，進而獲致成功，這樣就近乎仁者的態度了。」

(2)**樊遲問仁。子曰：「居處恭①，執事敬②，與人③忠；雖之④夷狄⑤，不可棄也。」**（〈子路〉十九）

①**居處恭**：處，音「觸」。居處，日常起居。恭：態度端莊。

②**執事敬**：執事，執行任務；擔任工作。敬，敬慎認真。

③**與人**：與，音「宇」，交往。和人交往。

④**之**：動詞，往、到。

⑤**夷狄**：指華夏以外的其他民族。

【語譯】樊遲問如何行仁。孔子說：「一個仁者的日常起居必須態度端莊，執行任務必須敬慎認真，並和人誠信交往。即使到了蠻荒之地，也不能放棄這種恭敬忠誠的態度。」

問題與討論

(1)孔子對弟子問仁有這麼多種答案的原因是什麼？

(2)孔子反對多言、巧言，而現代社會卻競於口辯；尤其是進入媒體傳播與重視溝通技巧的時代，剛毅木訥的仁人是否是今之古人？孔子這種思想主張是否已不合時宜？

(3)在孔子諸多「仁」的解釋中，你覺得最受用的是什麼？最困難的又是什麼？

第二節　仁心的自覺

引言

加拿大人魁格．柯柏格（Craig Kielburger）在他十二歲時看到一則報導，一名和他同年紀的巴基斯坦兒童因爲領導反抗童工暴行運動而遇害身亡。他查閱報章雜誌，發現世界上竟然有許多遭遇極爲悲慘的童工，這是平時上學、打籃球、迷電玩的中產階級小孩所難以想像的。於是他集合一些朋友，想爲這些同爲兒童，卻無自由尊嚴，連一餐溫飽都難以企及的孩子做一些事。他在一九九五年成立的「解放兒童」組織，是目前全世界規模最大的兒童網絡，至今至少有四十五個國家、上百萬名孩童曾參與這個組織的創新計畫，在開發中國家建立超過五百所學校，透過認養村莊計畫改變百餘萬名孩童的生活。這個組織不僅得過「世界兒童獎」，還曾三度榮獲諾貝爾和平獎提名，而今他更推廣「我到我們」的全球性社會運動，鼓勵大家以具體行動促成正向社會變遷。生計農夫賴青松從臺灣升學主義掛帥的成長經驗中，體會到如何從快樂做自己進而幫助他人的道理，他一路就讀明星學校，最後放棄博士學位，以總經理的身分，遠離城市，在農村找回心中的夢土，成立「穀東俱樂部」，幫助更多人找回與土地連結的力量。他以農作物爲例，認爲社會總是瀰漫著做紅蘋果的迷思。其實西瓜、鳳梨、地瓜……各有其妙，生來就是地瓜的不要整型做假蘋果，西瓜與鳳梨亦然。否則一粒蘋果也有從兩百元跌至十元的時候。因此當立穩腳跟做自己，才能活得有尊嚴有快樂。魁格．柯柏格這個「我到我們」的故事，說明若能點燃自己的同理心，勇敢地跨出第一步，即是落實理想的眞正關鍵。由此推擴出去，甚至可以成爲改變世界的力量。賴青松的農夫哲學，告訴我們不要爲外在的社會主流價值所迷惑，每個人都有不可取代的獨特性，只是很多人看不清楚自己，或看清楚了也沒有勇氣做自己。大家不要以爲孔子講「仁」是兩千多年前的事了，與當今的我何干？孔子講「仁」，也是要我們回到自己。「仁」其實就是一種從自我到大我的實現，而有志者事竟成，只要有心，人人都有機會成爲現代的君子與仁人。

選文與註釋

(1)宰我①問：「三年之喪②，期已久矣。君子三年不爲禮，禮必壞；三年不爲樂，樂必崩。舊穀既沒，新穀既升③，鑽燧改火④，期可已矣⑤。」子曰：「食夫稻⑥，衣夫錦，於女安乎⑦？」曰：「安。」「女安則爲之！夫君子之居喪，食旨⑧不甘，聞樂不樂，居處不安，故不爲也。今女安，則爲之！」宰我出。子曰：「予之不仁也！子生三年，然後免於父母之懷⑨。夫三年之喪，天下之通喪也。予也有三年之愛於其父母乎？⑩」（〈陽貨〉二一）

①**宰我**：姓宰，名予，字子我，孔子弟子。
②**三年之喪**：古代遇父母去世，子女須服三年喪期，三年內不做官，不嫁娶，不赴宴，不應考。
③**舊穀既沒，新穀既升**：去年舊穀已盡，今年新穀已成熟。
④**鑽燧改火**：古人鑽木取火，四季所用木頭不同，每年輪一遍，叫改火。
⑤**期可已矣**：期，音基，一年。（指守喪）一年就可以了。
⑥**食夫稻**：古代北方少種稻米，故稻米很珍貴，這裡是說吃好的。
⑦**於女安乎**：女，通汝。你的心能安嗎？
⑧**旨**：甜美，指吃好的食物。
⑨**「子生三年」二句**：爲人子者，自出生至三年後，始離父母的懷抱。
⑩**「予也有三年之愛」一句**：（指宰予）對於父母有三年之愛嗎？

【語譯】宰我問：「父母去世三年的喪期，其實一年即可。君子如果三年不行禮，禮節必然生疏。三年不習樂，樂理必然疏略。在去年舊穀已盡，今年新穀收成之後，以及每年春天重新鑽木取火的一年循環之後，守喪滿一年應該就夠了。」孔子說：「在父母過世一年後就吃著米，穿著錦衣，對你而言安心嗎？」宰我說：「安心。」孔子說：「你真的安心就去做吧！一個君子在守喪時，即使吃到甜美的食物都不覺得甘甜，聽到美好的音樂也不快樂，平時居家也不能安心，所以自然的不能只守喪一年。現在你如果真的安心，就去行一年之喪吧！」宰我走出之後，孔子說：「宰予真是一個沒有仁心的人啊！一個孩子三歲之後，才能離開父母的懷抱。三年的喪期一向是天下通行不變的喪制，難道宰予對自己的父母，有三年的關愛之情嗎？」

(2)子曰：「人而不仁，如禮何①？人而不仁，如樂何？」（〈八佾〉三）

①**如禮何**：即使有禮儀規範，又有何用？

【語譯】孔子說：「一個人若是沒有仁心，禮樂制度的規範對他又有何用呢？」

(3)子曰：「仁遠乎哉①？我欲仁，斯②仁至矣。」（〈述而〉二九）

①**仁遠乎哉**：仁心爲我所固有，不待外求。

②**斯**：則。

【語譯】孔子說：「仁道真的離我們很遠嗎？只要我心想要行仁，那麼仁道就開始實踐了。」

(4)曾子曰：「士不可以不弘毅①，任②重而道③遠。仁以爲己任，不亦重乎？死而後已，不亦遠乎？」（〈泰伯〉七）

①**弘毅**：弘，心胸寬廣。毅，志氣堅強。

②**任**：擔當的責任。

③**道**：行走的路程。

【語譯】曾子說：「士人不能不心胸寬廣，志氣堅強，因為他的責任重大而實踐仁道的路途遙遠。把行仁當成責任，這責任不也是很沉重嗎？到死才能停止行仁，這路途不也是很遙遠嗎？」

文意解析

本節首先關注「仁」的實踐主動性，行「仁」的眞正動力在於仁心的自覺，而非外在禮樂的規範。因此，找到內在的力量，才能有本有源，進而擴充仁心，嘉惠他人。在第一則選文，長於論辯的宰我，理直氣壯地提出兩點理由來反對三年之喪。第一是「君子三年不爲禮，禮必壞；三年不爲樂，樂必崩」，這是訴諸謹守三年之喪可能帶來的後果（禮壞樂崩），也可說是從功效的角度來反駁三年之喪。第二是「舊穀既沒，新穀既升，鑽燧改火，期可已矣」，這是訴諸自然循環的規律，直接從「穀物成長與用火之經驗」來推論「父母之喪宜守一年」。宰我對自己所提出的理由，似乎自信滿滿。但對於宰我這兩點理由，孔子都不能接受。在孔子看來，宰我的思考錯失了問題的重點。爲了指點宰我，孔子反問宰我：「若你在守喪時吃美食，著美服，你會心安嗎？」孔子的反問，隱含守三年之喪，既非著眼於此舉所帶來的後果，也不是基於自然規律，而是內心眞切感受的問題（心安與否）。換句話說，守三年之喪，不僅是外在禮樂的規範，更重要的是，表達對父母養育的感恩之心、懷念之情。可惜宰我未能領受孔子殷切的指點，直接回答心安。然而，孔子在失望之餘，再次教誨弟子：每一個人出生之後，經過父母三年的褓抱呵護，才能離開父母的懷抱。試問：父母過世，在他們一無所有時，要不要回報他們三年呢？宰我於此不能自省，難怪孔子會責備他「不仁」。事實上，三年之喪並不是不能改，也不是在「三年」、「一年」之間爭長短。而是宰我所提出的理由及其對孔子的回答，顯示他並未掌握「禮」的根本精神在於「仁」。由此可見，外在的禮樂制度，必須立基於善良的存心與眞誠的情感，才能彰顯它的高貴性。如此我們所有的行爲，才能「誠於中」而「形於外」。在孔子看來，禮樂制度若無眞誠的生命爲基礎，將流於形式的規範而趨於虛假與僵化，這正是孔子所面對的時代危機與困境。因此，孔子面對此時代危機，不得不大聲疾呼：「人而不仁，如禮何？人而不仁，如樂何？」以「仁」作爲解決周文疲弊的良方，同時賦予禮樂制度新的時代精神與意義。兩千多年前孔子所倡導的「仁」，並非遙不可及。因爲，「仁」既然意味著每個人「良善的存心與對人對物的關懷」，只要每個人願意眞誠面對自己與他人，從當下眞誠情感的呈現，就可以體會仁心。所以孔子勉勵我們：「仁遠乎哉？我欲仁，斯仁至矣。」我們若能打開自己眞實的內心而不斷地成長進步，並在人生的正路上實踐，就能擴及家人、社群、國家，乃至全世界。換句話說，藉由仁心的自覺與實踐，我們便能開創美好的世界。最後，透過傳承孔子理想的曾子，讓我們瞭解到實踐仁德，也是一種責任與自我承諾。曾子認爲讀書人不能沒有恢弘的氣度與剛毅的性格，恢弘才能有大格局，剛毅才能擔負重責大任。畢竟仁的實踐是人生一輩子的功課，也是淑世的永續志業。讀書人必須承擔起這任重道遠的使命，因爲這正是改善世界的關鍵。

問題與討論

(1) 宰我質疑三年之喪，有道理嗎？孔子嘗試從什麼角度提醒他？這一場師生問難的重點是什麼？

(2) 在競爭激烈、重才不重德的現代社會，該不該提倡做有仁德的君子？會不會因此而吃虧或沒有競爭力？透過「仁」的探索之旅，你可否找到「仁」在當代足以釋放出來的新力道？

第三節　仁者的格局

選文與註釋

(1)子路曰：「桓公殺公子糾，召忽死之，管仲不死①。」曰：「未仁乎？」子曰：「桓公九合②諸侯，不以兵車③，管仲之力④也。如其仁⑤！如其仁！」（〈憲問〉十七）

①「**桓公殺公子糾**」三**句**：桓公，齊桓公。公子糾，桓公之兄。齊國內亂，兄弟爭位。桓公得位後，設法殺公子糾，召忽、管仲皆爲公子糾家臣，公子糾死，召忽也自殺。管仲不死，後來成爲齊桓公的宰相。

②**九合**：糾合。

③**兵車**：指武力。

④**力**：功勞。

⑤**如其仁**：如，乃。這就是他的仁德。

【語譯】子路說：「桓公殺了哥哥公子糾，家臣召忽自殺了，但是管仲卻沒有殉難。」子路說：「管仲不是仁者吧！」孔子說：「桓公糾合了諸侯一起尊奉王室，卻不靠武力和戰爭，這全是管仲的功勞。這就是他的仁德啊！這就是他的仁德啊！」

(2)子貢曰：「管仲非仁者與？桓公殺公子糾，不能死，又相之。」子曰：「管仲相桓公，霸諸侯，一匡天下①，民到于今受其賜。微②管仲，吾其被髮左衽③矣。豈若匹夫匹婦④之爲諒⑤也，自經⑥於溝瀆⑦而莫之知也。」（〈憲問〉十八）

①**一匡天下**：匡，正。言尊周室，攘夷狄，使天下恢復正道。

②**微**：無。

③**被髮左衽**：被，披。衽，音「認」，衣襟。左衽，衣襟向左開。被髮左衽，指夷狄之俗。

④**匹夫匹婦**：普通人。

⑤**諒**：小信。只守小節，不顧大局。

⑥**自經**：自縊。

⑦**溝瀆**：田野的水溝。

【語譯】子貢說：「管仲稱不上是仁者吧？齊桓公殺了他的主人公子糾，管仲不但不能為主人殉難，反而還去輔佐桓公。」孔子說：「管仲輔佐了桓公，讓齊國稱霸諸侯，進而匡正天下歸於正道（尊王攘夷），中原人民到現在還蒙受他的恩惠。如果沒有管仲，我們現在恐怕都已經淪為披頭散髮、左邊開襟的蠻夷之邦了。哪裡一定要如普通人只拘泥於小信呢？只能自縊而死，陳屍於田野的水溝之間，卻沒有人知道他是誰啊！」

(3)**微子去之①，箕子爲之奴②，比干諫而死③。孔子曰：「殷有三仁焉。」（〈微子〉一）**

①**微子去之**：微子，名啓。紂之庶兄，封於微。微子見紂王無道而離去。

②**箕子為之奴**：箕子，名胥餘。紂之叔父，封於箕。箕子直諫被囚。

③**比干諫而死**：比干，紂之叔父，封於比。比干正言極諫，被剖腹挖心而死。

【語譯】殷商的微子啓見紂王無道而離去，箕子因直諫而成為囚犯，比干極諫而被剖腹挖心而死。孔子稱讚說：「殷商有三位仁者！」

文意解析

齊國內亂造成糾與小白（齊桓公）兩位公子的權位爭奪。召忽與管仲原輔佐糾，小白繼位後，糾爲魯人所殺，管仲最後竟成爲對手小白的宰相。在齊國的這個政治事件中，管仲忘主事仇的行爲是備受質疑的。首先發難的是向來講義氣的子路：「召忽死之，管仲不死」，相對於召忽的從容赴死，管仲的苟活不免有貪生怕死之嫌。接著是口才佳、好議論人長短的子貢，他更進一步以「不能死，又相之」來責難管仲。在第一則選文中，孔子以「如其仁」稱揚管仲，在第二則選文中，孔子的回答顯然是針對子貢「管仲非仁者與」的質疑而發。然而，兩則選文都等於是間接認同管仲爲「仁者」。整體而言，這兩則選文對管仲的評價都從大處著眼，不在小節錙銖必較。不論是「九合諸侯，不以兵車」或「相桓公，霸諸侯，一匡天下」，孔子都強調：管仲能以外交手段，透過協調的方式來避免戰爭，造福了天下百姓。第二則選文所言：「微管仲，吾其被髮左衽矣」，更進一步點明當時若無管仲來團結中原各國，尊周室，攘夷狄，中原可能爲異族入侵。在此歷史處境下，華夏文化將面臨空前浩劫。管仲能不拘死節，對比於「匹夫匹婦」只守小節，不知變通的市井小信，最後反而能成就更大的仁德功業。由此可見，信守原則固然重要，但也要以宏觀的視野，保持靈活與變通。其實，管仲個人的行爲並非全面受到孔子的肯定，孔子也批評他器小、不儉、不知禮。我們透過對管仲這一歷史人物的評價，更能理解孔子稱許管仲爲「仁者」的重點所在。

第三則選文孔子談到商代末年的三位代表性人物：微子、箕子、比干。微子是商紂的哥哥，箕子、比干都是商紂的叔叔，當商紂荒淫無度時，他們都曾加以勸諫，最後微子選擇離開，箕子淪爲奴隸，比干則被剖心致死，表面上三人的命運不同，孔子卻皆以「仁者」加以讚賞。由此可見，並非犧牲生命才是「成仁」，因爲彼此的關係有別、情況各異，重要的是他們同樣憂國傷世，都能心存至誠，愛君愛民，進而活出自己存在的價值。本節從人物評價的爭議性問題出發，使「仁」的議題得以重新回到具體的歷史情境，進而展現出更大的格局與視野。孔子賦予這四位歷史人物「仁者」的評價，也讓我們充分見證到孔子論仁的恢弘格局。

問題與討論

(1)管仲不死何以獲得孔子「如其仁」的稱賞？在弟子守節與否的質問，以及孔子大德之肯定的對話過程中，你對於孔子「仁」的意涵有何新的發現？孔子是以成敗論英雄嗎？

(2)孔子在「微子去之，箕子為之奴，比干諫而死」三種不同的作為中，看到什麼共通點？若依此線索，你認為「仁」所側重的價值為何？孔子既不輕易稱許人以「仁」，為何在《論語》中又存在稱許人以「仁」的例子？

(3)承前面兩個問題，「管仲如其仁」與「殷有三仁」的評斷，兩者是否有所矛盾？

第五單元

理想的人格

前言

有人說「人不癡狂枉少年」，也有人說「徬徨少年時」，還有人告訴我們「做自己最好」。在人格形成的過程中，青少年正處於自我認同的關鍵時期，亦是一個由外在規範走向自我要求的轉變階段。你可曾想過：自己想成爲一個怎樣的人嗎？兩千多年前的孔子，透過不同的方式告訴學生應如何成爲君子，這是孔子心目中的理想人格。孔子所言的有德君子，並非處於高高在上、遙不可及的雲端或神界；相反的，他走入紅塵、眞誠生活，擁有實實在在的人間氣味。我們或許都曾問過自己從何來、往哪去？何處是我們當下得以確立的生命座標？在密密麻麻的人際網絡中，又該如何安頓紛擾無措的心？藉由經典的閱讀，對於人世的是非黑白、光影交錯，我們可以見證不同明暗的身影。而具有道德意義的君子與小人，便是在不同脈絡思考下所形成的人格類型。在這個單元裡，依選讀的內容共分爲三個子題：先談君子表裡如一的言行，再談秉直而行的君子與小人之別，最後則透過孔子與不同學生的對話，彰顯出孔門因材施教、殊途同歸的君子面面觀。越過漫漫的時間長河，從今日眺望遠古，藉由孔子的言與教，在君子之義與小人之利的分辨中，思索理想人格的意義，我們或能從中得到一些立身處世的啓發與引領吧！

第一節　表裡如一的君子之德

選文與註釋

(1)子曰：「君子之於天下也，無適①也，無莫②也，義之與比③。」（〈里仁〉十）

①**適**：音「笛」，專主。即一定要這樣。

②**莫**：不肯。即絕對不這樣。

③**義之與比**：比，音「畢」，從。義之與比，是說依從義理而行。

【語譯】孔子說：「君子（有才德者）對於天下的萬事萬物，都沒有一定要這樣的看法，或絕對不這樣的執著，只依從道義行事。」

(2)子曰：「君子恥其言而①過其行。」（〈憲問〉二九）

①**而**：用法同「之」。

【語譯】孔子說：「君子（有才德者）以他的言談超過實際行動為羞恥。」

(3)子曰：「君子欲訥①於言而敏於行。」（〈里仁〉二四）

①**訥**：不善言辭。

【語譯】孔子說：「君子（有才德者）常常思量他該少說話，不逞口舌，於當做的事就明快地去實踐。」

(4)子曰：「君子不以①言舉人，不以人廢言。」（〈衛靈公〉二三）

①**以**：因爲。

【語譯】孔子說：「君子（兼指上位者、有才德的人）不輕易因為一個人出眾的言論而舉用他，也不會因為一個人的行事失當而完全對他的建言廢棄不用。」

文意解析

這四則選文皆以君子的言行爲重點，特別強調對內與對外的一致性。第一則說明了君子不固執成見，凡事以是否合乎道義作爲取捨標準。世事瞬息萬變，我們怎麼可能以一套標準走遍天下呢？瞭解社會變遷與脈動，才能放下絕對的標準，做出適宜的選擇。第二則，恥是「以什麼爲恥」之意，全章指君子以自己的言談超過自己的實際行動爲恥。第三則強調愼言敏行，反對言過其實的浮誇。以上兩則均可見言出必行的重要性。侃侃而談並不難，但是否付諸行動卻不是件容易的事，是以說話之前宜多思慮，無須逞一時之快，一旦脫口而出，便應該要爲自己的話負責到底，如此，才能贏得他人的尊敬。最後一則延伸至君子的用人納言之道，不被花言巧語所惑，亦不先入爲主地排除異己。能言善道、唱作俱佳之人固然具有吸引力，卻別忘了同時考察他做事的能力；一個品行不佳或時常犯錯的人，亦不代表他的言論一無可取。公正客觀地就事論事，才能全面並正確地認識一個人。放在講求自我推薦與行銷、重視形象與表達的今日，上述內容特別值得深省。我們如何在天花亂墜、道貌岸然的話語中，判斷一個人或一件事的眞實？又該如何避免自己的失衡：還稱不上言談的巨人，卻已淪爲行動的侏儒？在傳播媒體名嘴氾濫、臉書動輒批評連署的現代社會裡，動嘴顯然比動手容易得多，在要求具體實踐的同時，除了言行相顧，更需要以謹慎的思考與正直的原則爲依歸。

相關章句

(1)子曰：「君子病①無能焉，不病人之不己知也。」（〈衛靈公〉十八）

①**病**：憂慮。

【語譯】孔子說：「君子（有才德者）只憂慮自己的能力不足，而不憂慮別人不瞭解自己。」

(2)子曰：「君子博學於文①，約之以禮②，亦可以弗畔③矣夫！」（〈雍也〉二五）

①**博學於文**：深入地學習古代文化。

②**約之以禮**：用禮來規範自己的行爲。

③**弗畔**：「畔」通「叛」。不背離正道。

【語譯】孔子說：「君子如果廣博深入的學習古代文化，並且用禮規範自己的行為，也可以說是不背離正道了。」

問題與討論

(1)我們每天在和家人、同學互動時，面對生活中「言不由衷」與「食言而肥」等現象，你能否舉出自己或他人的例子加以陳述？並試著談談背後的不得已或其他原因，進而想想有無替代的方法？

(2)十幾歲的年紀正是自我探索、逐漸邁向成人的過渡階段，這時的你是否想過：「我想做哪一種人？」閱讀完本節有關君子言行的選文之後，不妨想想自己日常待人處世的表現，進一步思考「我是怎樣的人？」「我想成為怎樣的人？」「我要如何成為那樣的人？」並與同學分享。

第二節　秉直而行的君子之義

選文與註釋

(1)子曰：「君子喻①於義②，小人喻於利③。」（〈里仁〉十六）

①**喻**：曉，懂得。
②**義**：公正合宜之言行。
③**利**：利益。

【語譯】孔子說：「君子（有才德者）只曉得依照道義行事，而小人（無才德者）卻只曉得依自身的利益行事。」

(2)子曰：「君子懷德①，小人懷土②；君子懷刑③，小人懷惠④。」（〈里仁〉十一）

①**懷德**：懷，在意。懷德，在意能否保有美德。

②**懷土**：土，故土。依戀熟悉的鄉土。

③**懷刑**：刑，典型、法度。有見賢思齊之意。

④**懷惠**：奢求利益。

【語譯】孔子說：「君子只在意能否保有自己的德行，而小人只在意自己目前所擁有的，君子所在意的是向更好的人事看齊，而小人則只追逐於利益。」

(3)子曰：「君子坦蕩蕩①，小人長戚戚②。」（〈述而〉三六）

①**坦蕩蕩**：心胸平和廣闊，顯現出樂易舒泰的態度。

②**長戚戚**：多憂戚。

【語譯】孔子說：「君子（有才德者）的心胸平和廣闊，顯現樂易舒泰態度；而小人（無才德者）的心胸狹窄不能容人，常為個人的處境憂戚。」

(4)子曰：「君子和①而不同②，小人同而不和。」（〈子路〉二三）

①**和**：與人和諧相處。

②**同**：黨同偏私。

【語譯】孔子說：「君子（有才德者）與人和諧相處，而不黨同偏私；小人（無才德者）則流於黨同伐異，而不能與人和諧相處。」

(5)子曰：「君子周①而不比②，小人比而不周。」（〈爲政〉十四）

①**周**：公正無所偏私。

②**比**：音「畢」，結黨營私。

【語譯】孔子說：「君子（有才德者）公正而無所偏私，而小人（無才德者）則往往結黨營私而不公正。」

文意解析

這五則皆以君子與小人的比較爲重點，透過選擇依據、個人態度與對外處世等三個面向分別陳述。面對各種選擇，世俗有「人不爲己，天誅地滅」的說法，似乎指出有些人會先想到自己，考慮物質的利益，甚至不斷地擴展欲望，於是衍生出每天新聞中常見的偷盜犯罪事件。但是更有些人能秉持「君子愛財，取之有道」的原則，以公正合宜的言行，不損己害人，將心安理得的道德放在欲望的滿足之前。是以第一則說明了君子依義理行事，遵守禮法；小人則心懷私利，貪得嗜欲。第二則的小人，可以只是未經修養的人，但我們可以看出若未經提煉進化，生命所受的局限。

第三則強調君子與小人在心胸氣度上的不同。前者對利益不計較、不爭求，與人相處，內心寬容善解，所以擁有平和開闊的氣質；小人錙銖必較，在意獲利的多寡、權位的高低與衆人的評價，將自己的情緒交由外在人事來決定，是以經常處於焦慮之中，因不滿足而充滿怨恨與憤怒。最後兩則談的是人際關係的差異。承接第三則的人格風範，坦然無私的君子以公平正義待人，廣結善緣，不爲利益與他人爭逐或衝突，不因一時的得失而耿耿於懷，於是待人處世自然和諧無怨；而經常焦慮的小人擔憂不能得利，所以結黨營私，以小團體或派系的方式形成勢力，爭名牟利，甚至偏袒與自己同一立場的人，罔顧正義與公理。放眼現代的各行各業，不管是政壇、杏林或商場、法界，皆可透過媒體看到許多彰顯公義或爭取私利的新聞報導，也許是收受賄賂、假造病歷，或是生產黑心食品、做出錯誤判例，危害社會者多結黨成派，彼此照應與勾結，進而共享龐大的非法利益。但陰影之處必有光照，仍會有公義正直之人出面舉發，追求眞相，當人人心中的善念能夠相互牽引觸發，明亮溫煦的信仰自能吸引衆人接近，讓整個社會瀰漫良善的君子之風。

相關章句

(1)子曰：「君子易事①而難說②也：說之不以道，不說也；及其使人也，器③之。小人難事而易說也：說之雖不以道，說也；及其使人也，求備④焉。」（〈子路〉二五）

①**易事**：容易服事。

②**難說**：說，悅。難以取悅。

③**器**：隨其才具不同而分別任用。

④**求備**：求全責備。

【語譯】孔子說：「君子（有德者）容易共事卻難以取悅：如果不用正道去取悅他，他是不會愉悅的；但是等到他有事要用人時，會隨著才具而分別任用。小人（無德者）在平時難於共事卻容易去取悅：即使不用正道去取悅他，他也會愉悅（被討好）；但是一旦他有事要用人時，會對為其所用的人求全責備，斤斤計較。」

(2)子曰：「君子成人之美，不成人之惡。小人反是①。」（〈顏淵〉十六）

①**反是**：與此相反。

【語譯】孔子說：「君子（有才德者）只會成就別人的善美之行，不會助長他人的惡舉；小人（無才德者）的行徑則與此相反（他們只會助長別人的惡意惡行，而不樂於成就他人的美好心念及善行）。」

問題與討論

(1)人生總有難以面面俱到的時刻，能否舉出班級與個人事務、或學校與家庭生活產生衝突的實例？在兩難的情況下，你的選擇為何？又是依據什麼原則？

(2)哈佛大學在甄選學生時，會選擇從事團體運動的學生，可見人己互動與分工合作的重要性。君子以「和而不同」、「周而不比」為處理人際關係的原則。那麼，你對待朋友的原則為何？你喜歡和怎樣的人相處？面對和自己理念不同的人又該如何應對？

第三節　光明坦蕩的君子之路

選文與註釋

(1)子貢問君子。子曰：「先行其言，而後從之。」（〈爲政〉十三）

【語譯】子貢問如何實踐君子之德？孔子說：「一位有才德的人，應該先實踐了他想說的話，然後再把話說出來。」

(2)司馬牛問君子。子曰：「君子不憂不懼。」曰：「不憂不懼，斯謂之君子已乎？」子曰：「內省不疚①，夫何憂何懼？」（〈顏淵〉四）

①**內省不疚**：疚，慚愧。此句言自己內心省察，毫無愧怍。

【語譯】司馬牛問君子的實踐之道。孔子說：「有才德的君子是一個不憂慮不恐懼的人。」司馬牛說：「難道不憂慮不恐懼，就有資格成為君子嗎？」孔子說：「當一個人行事得當，而內心省察毫無愧疚時，他還有什麼可憂慮恐懼的？（這就是成為君子的起點了）。」

(3)**子路問君子。子曰：「脩己以敬。」曰：「如斯而已乎？」曰：「脩己以安人①。」曰：「如斯而已乎？」曰：「脩己以安百姓②。脩己以安百姓，堯舜其猶病諸！」**（〈憲問〉四五）

①**安人**：使周遭的人都能各得其所。

②**安百姓**：使天下百姓都能安居樂業。

【語譯】子路問如何做才符合君子之道？孔子說：「要用恭敬的態度去修養自己。」子路說：「如此而已嗎？」孔子說：「要先修養自己，接著使周遭的人各得其所。」子路說：「如此而已嗎？」孔子說：「先修養自己，再使天下百姓都能安居樂業。只是修己以安百姓的境界，恐怕連堯舜都還擔心自己做不到呢！」

(4)宰我問曰：「仁者，雖告之曰：『井有仁①焉。』其從之也？」子曰：「何爲其然也？君子可逝②也，不可陷③也；可欺也，不可罔④也。」（〈雍也〉二四）

①**仁**：仁者。

②**可逝**：逝，往。可逝，可以讓他前去（救人）。

③**不可陷**：不可使他貿然下井（救人）。

④**罔**：蒙蔽。

【語譯】宰我問：「一位仁者即使有人告訴他說：『有人落入井中了。』難道他會立刻跟著跳下去救援嗎？」孔子說：「他怎麼會如此做呢？一位有德者可以聽到呼救後馬上前去救人，卻不會貿然下井；他可以暫時被欺騙，卻不會一直被蒙蔽。」

文意解析

這四則選文仍以君子的人格修養爲焦點。前三則是孔子針對不同學生的君子之問，依因材施教的原則，給予不同的回答。最後一則選文的提問者，是孔門四科中擅長言語的宰我，他提出了對於君子處世的疑惑。孔子以扼要的說明，釐清君子的爲與不爲。子貢的性格喜歡品評別人，孔子希望他凡事能夠先實踐再說。故對子貢的回答是：「行動要走在言語之前。」這是貫徹君子言行一致的重要法門。而司馬牛的哥哥有意謀反，他憂國憂兄，陷於兩難之境。司馬牛問君子，是想解除隱在心中的憂懼。所以孔子答覆：「君子不憂不懼。」亦即「君子坦蕩蕩」的意思。司馬牛未盡明白，所以再問。孔子再爲解釋：「內省不疚，夫何憂何懼？」一個人若自省沒有對不起任何人的事情，一切無負於人，自心沒有愧疚，則何來憂懼？這就是君子。名列政事科的子路，向來以從政爲抱負，個性率直。面對他的提問，孔子語重心長地希望他能以禮修身，自「脩己以敬」做起，進而才能安人、安百姓。孔子由修己、安人到安百姓的回答，可說如實反映儒家由己到外，由修身、齊家到治國的政治理想，同時也是成德君子貫通內外的具體實踐。善於思辨的宰我提出尖銳的質疑：君子利人利己，與人爲善，應該受人尊敬；可是亂世惡人可能出於妒嫉，會有陷害君子、設陷阱和騙局要檢驗君子的想法，甚至以權勢和一己的標準加以批判、毀謗與醜化。那麼，面對險惡環境的君子又該如何自處？其實仁者不會沒有理智，智者也不會沒有仁德，所以君子絕不是可以任由他人愚弄的，更不是「好好先生」或「爛好人」。孔子以爲，君子謹守法度，自有他的原則與判斷，君子是有所為，有所不為的，不可用不合理之事加以蒙蔽。綜合以上所述，從行動力、自省心到修己安人，談的是不同生命質地之人如何成為君子的具體實踐。而關於君子的為與不為，則是從另一個角度彰顯君子的處世原則。在眾多的做與不做之間拉扯思量，唯有以仁德、智慧與勇氣消解心靈的張力，才能體現安適自在的君子之道。

相關章句

(1)孔子曰：「君子有三戒：少之時，血氣①未定，戒之在色；及其壯也，血氣方剛，戒之在鬥；及其老也，血氣既衰，戒之在得②。」（〈季氏〉七）

①**血氣**：精神氣力。

②**得**：貪得。

【語譯】孔子說：「君子要戒除三種人生階段的錯誤行為：年輕時，精神氣力尚未安定，要戒除好色的行徑；等到壯年時，精神氣力正處剛強階段，要戒除與人爭鬥的行徑；到了年老時，精神氣力已經衰竭，要戒除貪得無饜的行為。」

(2)子貢曰：「君子亦有惡①乎？」子曰：「有惡：惡稱人之惡②者，惡居下流③而訕④上者，惡勇而無禮者，惡果敢而窒⑤者。」曰：「賜也亦有惡乎？」「惡徼⑥以為知者，惡不孫⑦以為勇者，惡訐⑧以為直者。」（〈陽貨〉二四）

①**惡**：音「勿」，憎惡。
②**稱人之惡**：惡，音「餓」，為善惡之惡。稱說別人的壞處。
③**居下流**：居下位。
④**訕**：音「善」，毀謗。
⑤**窒**：不通事理。
⑥**徼**：音「較」，伺察。窺探他人的缺失。
⑦**不孫**：孫，今作「遜」。不遜，桀驁不馴。
⑧**訐**：音「節」，揭發別人的隱私。

【語譯】子貢說：「一位君子也有厭惡的人嗎？」孔子說：「有厭惡的人：他會厭惡只稱說別人壞處的人，他厭惡明明身居下屬卻無端毀謗上司的人，他厭惡自認勇敢卻沒有禮貌的人，他也厭惡自認行事果敢卻不通事理的人。」孔子說：「賜啊！你也有討厭的人嗎？」子貢說：「我厭惡那些窺伺他人缺失而自以為聰明的人，厭惡那些魯莽不謙虛卻自以為勇敢的人，厭惡那些揭發他人隱私，而自以為正直的人。」

問題與討論

(1)孔子曾說：「先行其言而後從之。」但是日常生活會出現以下三種情形：先說再做、邊說邊做、做了才說，你比較傾向於哪一種？說說你的選擇與看法。

(2)新聞曾報導某高中同學好心幫助玻璃娃娃，卻不小心使其受傷致死，後被判刑賠償。想想看，有一顆助人的心就夠了嗎？請發表你的看法。

第六單元

過失與反省

前言

俗諺說：「仙人打鼓有時錯。」人也會犯錯，原因多端，不能全部推諉給外在環境因素。從古聖先賢到販夫走卒，誰不曾犯錯？但是，人類期望自己從不完美趨向完美，家庭、社會與國家的和諧秩序，也因這樣的願望而得以穩定，所以「知過能改」就成為生命成長的關鍵課題。所謂知過，不只是要觀察別人的過失，更該檢視自己的過失，所以需要透過自我內心的「反省」，並且恆常地提醒自己，才會眞正改過。沒有透過自我內心的反省而改過，只是表面上一時的敷衍，這樣還是會不斷犯錯，甚至由小過變成大過，造成個人、家庭、社會，甚至國家的損害。本單元分三個層次，首先瞭解對於「過」的正確態度，知過不改才是眞過，並能區分「君子之過」與「小人之過」。也需進一步追問，有過要改，但要如何改？所以第二節透過反省自我的方式，而得以照察自己的過失，並能清楚明辨善惡，進而體察仁德。第三節則透過孔子及其弟子的做法，時時自我警惕，並經由修養自己，使我們免於重複犯錯。

第一節　知過不改是真過

選文與註釋

(1)子曰：「過而不改，是謂過矣。」（〈衛靈公〉二九）

【語譯】孔子說：「有過錯卻不願意去改過，這種態度即是真過。」

(2)子夏曰：「小人之過也必文①。」（〈子張〉八）

①**文**：音「問」，掩飾。

【語譯】子夏說：「小人犯過之後一定會想方設法掩飾。」

(3)子貢曰：「君子之過也，如日月之食①焉。過也，人皆見之；更也，人皆仰之。」

（〈子張〉二一）

①**食**：蝕。

【語譯】子貢說：「君子犯過就像日蝕和月蝕一般明顯。當他犯錯時會坦承其過，使每個人都知道；當他改過自新時，每個人也都會重新仰望他的光明。」

(4)子曰：「德之不脩，學之不講，聞義不能徙①，不善不能改，是吾憂也。」（〈述而〉三）

①**徙**：轉而遵循。

【語譯】孔子說：「不能修養自己，不能講習學問，聽到義行不能徙義遷善，有了過失又不能改過，這些都是我擔心的事。」

(5)子曰：「法語之言①，能無從乎？改之爲貴。巽與之言②，能無說③乎？繹④之爲貴。說而不繹，從而不改，吾末如之何⑤也已矣。」（〈子罕〉二三）

①**法語之言**：嚴正告誡的言辭。

②**巽與之言**：巽，音「訓」，溫順、謙和。委婉勸導的言辭。

③**說**：音「悅」，同「悅」。

④**繹**：音「易」，探究。

⑤**末如之何**：末，無也。無可奈何。

【語譯】孔子說：「別人嚴正告誡我們的話，我們自然應反省而聽從，因此能改正自己的過失，這是最可貴的。別人以委婉方式勸戒我們的話，我們也應該感到愉悅，並仔細想想是不是自己的過失，這也是最可貴的事。如果只是感到愉悅，卻不思反省，或者只是聽了別人的告誡，卻還是不改正，那我對此人也是無可奈何了。」

文意解析

人人都會有過失，即使聖人也不能免。因此，我們要注意的是，如何省察自己的過失，並且針對犯的過失要有正確的態度。本節選錄五則選文，以說明對「過失」應有的正確態度。

第一、二則選文強調「知過而不改」才是「眞過」。因此，我們不應害怕有過，而應擔心有過而不知；或是明明知道過失，仍一犯再犯，這才是眞正的過。人之所以知過而不改，常是因爲自我的防衛與掩飾，爲自己的過失找各種藉口。就好像說謊一樣，必得不斷說謊以圓前面的謊。由此可見，若知過而不改，就會不斷替自己的過失找藉口，這就是第二則選文所說的：「小人之過也必文。」很顯然地，君子與小人都會犯過，但君子犯過，如同日蝕、月蝕般明顯，他勇於承認，進而眞誠改過。小人則不敢承認錯誤，一再掩飾過失，如此一來，將淪於一錯再錯的地步。這就是「君子之過」與「小人之過」的差別。在第四則選文，孔子認爲修德、講學、徙善、改過是做人的四個重要條件，因而，若不能勉力而行，就難免有所憂慮。其中，徙善與改過，就是「見善則遷，有過則改」。換句話說，孔子所憂慮的不是物質的欲望得不到滿足，而是憂心自己心靈世界有所虧欠與缺失。改過，正是心靈世界的淨化工程。

第五則選文再次勉勵我們，對於別人給予我們的嚴正告誡，或是委婉勸導，我們都該虛心接受，細心推想，以實際行動表達改過的眞誠。如果對別人的告誡與勸導，充耳不聞，這樣的人就無藥可救了。

相關章句

(1)子曰：「色厲而內荏①，譬諸小人，其猶穿窬之盜②也與？」（〈陽貨〉十二）

①**色厲而內荏**：荏，音「忍」，柔弱。表情嚴厲而內心怯懦。

②**穿窬之盜**：窬，音「瑜」，穿越。挖洞跳牆的小偷。

【語譯】孔子說：「外表故作強悍而內心其實很虛弱，若以小人來比擬，就正如穿牆偷竊的小偷一樣。」

(2)子曰：「君子泰①而不驕，小人驕而不泰。」（〈子路〉二六）

①**泰**：安詳舒泰。

【語譯】孔子說：「一位有德的君子，平日待人處事、舉止是安詳舒泰而不會讓人感到驕傲輕慢的；一位無德的小人，平日的舉止則總是驕傲輕慢，一點也不安詳自在。」

問題與討論

(1)你對「過而不改，是謂過矣」這句話有什麼體會？請舉出自己的實際例子討論。

(2)我們通常喜歡聽好聽的話，有時我們犯了錯，別人不好意思指責我們，也有可能說些好聽的話，讓我們免於尷尬。雖然我們聽了很受用，但若不去探究別人的言外之意，很可能就以為自己沒有過失。請同學舉出實際例子，加以討論。

第二節　反求諸己以改過

選文與註釋

(1)子曰：「見賢思齊焉，見不賢而內自省也。」（〈里仁〉十七）

【語譯】孔子說：「看到賢者要想和他看齊，看到不賢者要自我反省有無他的缺失。」

(2)子曰：「已矣乎①！吾未見能見其過而內自訟②者也。」（〈公冶長〉二七）

①**已矣乎**：已，止。算了吧！

②**內自訟**：內心自我責怪。

【語譯】孔子說：「算了罷！我從來沒有看過發現自己的過失，而能內心感到慚愧自責的人。」

(3)子曰：「君子求諸己，小人求諸人。」（〈衛靈公〉二十）

【語譯】孔子說：「有才德的君子會反求諸己，而德行差的小人只會把錯誤歸咎給別人。」

(4)曾子曰：「吾日三省①吾身：為人謀而不忠乎？與朋友交而不信乎？傳②不習③乎？」（〈學而〉四）

①**三省**：三，多次；省，音「醒」，省察。

②**傳**：音船，老師的傳授。

③**習**：徹底地實踐。

【語譯】曾子說：「我每天都要不斷自我反省：替人謀畫的事情是否不夠盡心呢？和朋友交往是否不夠守信用呢？師長傳授的學問是否沒有複習呢？」

(5)子曰：「人之過也，各於其黨①。觀過，斯知仁矣。」（〈里仁〉七）

①**黨**：類。

【語譯】孔子說：「一個人所犯的過失，各有不同的類型。觀察一個人所犯的過失，就知道他是不是個有仁心的人了。」

文意解析

「反省」與「改過」雖是我們的慣用語，但在大部分的情況下，這兩個詞語常用在要求別人反省或要求別人改過上，比較少用在反求諸己，處理自己的過失上。在孔子的教導裡，面對過失時，最重要的是「反求諸己」，真誠反省，才能有「改過」的動力。本節的前四則選文，都涉及自我反省。藉由自我反省，以求「改過」或「寡過」。

第一則選文教導我們，面對他人的優點，我們要起而勉勵自己，向他人學習；同樣面對他人的過失，我們並非嘲笑譏諷，或是加以轉述傳播，而是更需要自我警惕反省，以免重蹈覆轍。換句話說，不論正面或反面的人物（行爲），都是值得我們學習與反省的對象。第二則選文，記錄了孔子的感嘆：發現自己的過失，內心不安而自我指責的人太少了。這就是人們有過「必文」，「過而不改」的原因吧！如同第一節所說的，君子之過與小人之過的差別，在於犯過後所採取的態度與行動。因爲君子懂得反省，懂得「反求諸己」，眞誠面對自己的過失而不掩飾，所以他能免於一錯再錯的困境。相反地，小人犯過，基於不敢眞誠面對自己，不得不找各種外在的藉口來遮掩自己的過失，如此一來，一切過失歸諸他人或外在環境，與自己無關，也無須負任何責任。這不就是所謂的「小人求諸人」嗎？這也是君子何以會漸漸少過，而小人則過上加過（錯上加錯）的根本原因。

第四則選文則是曾子自述他對「進德修業」每日所用的反省工夫，其中涉及自我與他人的互動。「忠」、「信」與「實踐師長教導的眞理」，看起來雖似平凡，但仔細想想，我們每天是否眞的都確實可以做到？如果我們確實都能每日反省，是否自己犯錯的機率就會越來越少呢？第五則選文闡釋「觀過知仁」之意。所謂「觀過」，既指觀察他人的過失，也包含內省自己的過失。尤其，通常我們因為氣質個性的不同，連所犯的過失，也有各種類型。例如君子之過可能來自於過於寬厚，小人之過也可能來自於過於刻薄。因此，從觀察他人的過失，可以得知他人的存心；藉由內省己過，也能自我警惕而寡過。如此一來，我們更能敏銳地察覺自己良心的呼聲，使自己更能分別善惡，保有「仁」德之心。

相關章句

(1)**樊遲從遊於舞雩之下，曰：「敢問崇德①、脩慝②、辨惑③。」子曰：「善哉問！先事後得④，非崇德與？攻其惡⑤，無攻人之惡，非脩慝與？一朝之忿⑥，忘其身，以及其親，非惑與？」**（〈顏淵〉二一）

①**崇德**：提高品德。

②**脩慝**：慝，音「特」，惡念。排除惡念。

③**辨惑**：明辨困惑。

④**先事後得**：先做該做的，然後再考慮收穫。

⑤**攻其惡**：檢討自己的壞處。

⑥**一朝之忿**：一時的憤怒。

【語譯】樊遲跟孔子一起去舞雩台出遊，路上問孔子說：「請問如何可以增長自己的品德？如何可以讓自己排除惡念？如何在自己猶疑困惑時保持清醒？」孔子說：「你問了幾個好問題啊！凡事都先考慮這事是不是該做的，然後再去考慮有何收穫，這不就能增長品德了嗎？只努力檢討自己的不好，而不去挑剔別人的毛病，這不就能排除惡念了嗎？如果有人困著一時的憤怒，而不顧一切，忘了自己，也忘了可能給親人帶來的傷害，這不是最大的迷惑嗎？（所以能忍住，一時的憤怒就是保持清醒之道）」

問題與討論

(1)孔子如何從過失的角度，區分「君子」與「小人」？

(2)你在日常生活中，常常自我反省嗎？你反省的內容是什麼？針對這些事，你如何改善？請說說你的經驗與想法。

(3)針對「人之過也，各於其黨。觀過，斯知仁矣」的選文，討論觀察人之過失（他人之過或己過），何以能夠「知仁」？

第三節　自我修養以免過

選文與註釋

(1)子曰：「以約①失之者，鮮矣！」（〈里仁〉二三）

①**約**：約束、節制。

【語譯】孔子說：「一個人能夠自我克制，還會犯過錯的機會就很少了。」

(2)子曰：「巧言亂德，小不忍則亂大謀①。」（〈衛靈公〉二六）

①**謀**：謀略、計畫。

【語譯】孔子說：「花言巧語會擾亂一個人在德性上的成就。在枝節問題上不能忍住一時的衝動，就很可能會擾亂了整體的計畫。」

(3)子貢問曰：「有一言而可以終身行之者乎？」子曰：「其恕乎！己所不欲，勿施於人。」（〈衛靈公〉二三）

【語譯】子貢問孔子說：「可不可以告訴我一句，值得我終身奉行告誡呢？」孔子說：「大概就是『恕道』吧！也就是如果是你自己都不想要的就千萬不要施加到別人身上去。」

(4)哀公問：「弟子孰爲好學？」孔子對曰：「有顏回者好學，不遷怒①，不貳②過。不幸短命死矣！今也則亡③，未聞好學者也。」（〈雍也〉二）

①**不遷怒**：怒於甲者，不移於乙。

②**貳**：重複。

③**亡**：音無，同「無」。

【語譯】魯哀公問孔子說：「請問您的學生中，有哪位是好學的嗎？」孔子回答說：「有位名叫顏回的，他非常好學，當他生氣時，絕對不會想把氣發到不相干的對象上去，也不會一而二再犯同樣的錯誤。可惜他不幸短命而死，如今再也沒有這樣的學生，也沒聽說誰真正好學了。」

(5)子絕①四：毋意，毋必，毋固，毋我②。（〈子罕〉四）

①**絕**：斷絕，一點也沒有。

②**毋意四句**：毋同「無」。「四毋」的意思是：無妄加揣測之心，無非如此不可之心，無固執之心，無自我驕慢之心。

【語譯】孔子一生不會犯四種問題或過錯：他對人對事絕對不會妄加揣測，也絕對不會非如此不可，他也不會固執己見、不知變通，他更沒有自我傲慢之心。

文意解析

我們經常犯的過失不外這三類：「言語」、「行爲」以及「意念」。我們除了知過認錯，也應自我反省過失之所在，最後，能否防微杜漸於過失之前呢？本節的五則選文，引導我們應該有何種修養，得以免於過失。

第一則選文，就從自我約束做起，以此警醒自己的生命，避免跌倒犯過。第二則選文則透過避免浮誇不實的言語，以及適度自我約束來端正自己，盡量免於過失。以上兩則選文，可說是偏向以消極的自我約束來寡過。

第三則選文提出以恕道來免於過失，因為我們若能將心比心，「己所不欲，勿施於人」，常以此恕道存心，便不易犯下大的過失。這可說是主動積極而免於過失的另一種修養。第四則選文則強調顏回「不遷怒，不貳過」的修養是好學的典範。從日常生活經驗來說，我們常因對某人的嫉惡或自己生悶氣，就將怒氣轉嫁給他人。當人的心靈萎弱時，犯過的可能性就增加，猶如身體虛弱時，病菌就容易入侵。在這個意義上，顏回的「不遷怒」（不輕易遷怒於人）正顯示他勇於面對自己的生命，他的生命是眞實的，沒有虛假，也是健康的。同樣地，犯過的因素有很多種，也許我們第一次犯過時，可能是無心之過，但若同樣的過失再犯，便表示第一次犯過之後，並未做認眞的反省，不但對不起自己的良心，也對不起在犯過時所傷害到的人事物。更嚴重的結果，一再犯過，也可能讓人逃避過失或合理化自己的不當行為。因此，顏回的「不貳過」，正顯示他時時深切反省，眞誠面對自己，時時刻刻都能聽到自己內在良心的聲音。只有能認眞反省，不犯同樣的錯誤，使自己的生命時常清明澄澈，這才是免於過失最直接的方法。

最後以孔子爲例，透過戒絕「意，必，固，我」四種毛病的修養，使自己免於過失。因爲在日常生活中，我們常會因自己對人、對事妄加揣測、過度固執己見，乃至驕傲輕慢、自我中心，遮蔽眞實的自我，因而可能犯錯。因此我們要避免自我中心的牢籠，才能免於過失。這則的孔子形象，既是提示修養的方法，也呈現人格的境界。

問題與討論

(1)請同學舉出自己常犯的「遷怒」、「貳過」之實例，討論「不遷怒」、「不貳過」是否困難？

(2)你有什麼座右銘可以提醒自己避免犯錯？請說出來與同學分享。

第七單元

挫折與超越

前言

人的一生是由一連串的「追求」過程所構成，從我們來到人間，便無時無刻不在爲實現「理想」而努力。少年時，我們追求傑出的成績，希望能順利考取理想的學校，展望未來。青年階段，我們追求一段浪漫的愛情，期待生命中的知音者，共度美好時光。中年時，我們努力表現，等待人生旅途的伯樂，冀盼事業高峰的來臨。暮年階段，我們衷心企願，在兒孫繞膝的歡樂中，可以帶著康健的身體，慢慢老去。然而，人生的境遇，卻多數不是依我們的意願而行。在理想期待與現實遭遇之間的落差，構成我們生命的樂章，而困頓與挫折，便成爲我們一生的共同經歷。但是，面對這種人生的困頓挫折，我們又當如何自處呢？是消極的逃避？是積極的應對？或是在消極與積極之間，找尋一條最佳的自我安身立命之途？困頓與挫折既然是古往今來所有人的共同經驗，我們便可以從古今人物如何面對這些生命的難關，找到超越這一切困擾的安身立命之道。本單元分爲三節：第一節從孔子的具體遭遇，說明一個有德的君子，依然有可能會有困頓的局面；第二節指出在遭受誤解的挫折時，我們渴求知音的瞭解；第三節則闡述儒者面對挫折時的自處之道。

第一節　君子的困頓

選文與註釋

(1)在陳絕糧①，從者②病，莫能興③。子路慍④見曰：「君子亦有窮⑤乎？」子曰：「君子固窮⑥，小人窮斯濫⑦矣。」（〈衛靈公〉二）

①**在陳絕糧**：孔子及其弟子行至陳、蔡之間，爲亂兵所困，糧食用盡。
②**從者**：從，音「粽」。隨從人員，指弟子。
③**興**：起。
④**慍**：心中不快。
⑤**窮**：困境。
⑥**固窮**：雖處困窘之境，仍能固守其節操。

⑦**濫**：爲非做歹。

【語譯】（孔子師生欲南下楚國），在陳、蔡之間為亂兵所困，糧食也用盡了，隨行的弟子都生病了，沒人能夠起身。子路心中不悅的面見孔子說：「為何有才德的人也會遇到困窮的絕境呢？」孔子說：「有才德的人在身處貧窮困窘時仍能堅守氣節，而無才德的人在窮困時就無所不為了。」

(2)**子畏於匡①。曰：「文王既沒②，文③不在茲④乎？天之將喪斯文也，後死者⑤不得與⑥於斯文也；天之未喪斯文也，匡人其如予何？」**（〈子罕〉五）

①**子畏於匡**：畏，有戒心。匡，地名，鄭國邑。因陽虎曾爲禍於匡，而孔子貌似陽虎，故匡人誤認，以兵圍孔子，使孔子心生畏戒。

②**沒**：通「歿」，亡故。

③**文**：指禮樂制度中所蘊含的文化傳統。

④**茲**：此，孔子自稱。

⑤**後死者**：孔子自稱。

⑥**與**：參與。

【語譯】孔子（因為貌似陽虎，在經過鄭國的匡邑時被圍困）對於匡人圍困而心生畏戒，說：「在文王逝世之後，文化的傳承難道不是在我這裏嗎？如果上天要斷送我們的禮樂教化，那麼我這個後死的人就不能參與這一種文明教化了；如果上天不斷送我們的禮樂教化，那這些匡人難道能拿我怎麼樣呢？」

(3)**公伯寮①愬②子路於季孫。子服景伯③以告，曰：「夫子④固有惑志⑤於公伯寮，吾力猶能肆⑥諸市朝⑦。」子曰：「道之將行也與？命也。道之將廢也與？命也。公伯寮其如命何！」**（〈憲問〉三八）

①**公伯寮**：《史記》以爲孔子弟子。

②**愬**：音「素」。詆毀、誣陷。

③**子服景伯**：魯國大夫。

④**夫子**：指季孫。

⑤**惑志**：疑惑。

⑥**肆**：古時處死刑後曝屍示衆。

⑦**市朝**：市集。

【語譯】公伯寮向魯國大夫季孫氏詆毀子路。大夫子服景伯把這件事告訴孔子，並且說：「季孫氏聽信公伯寮所說的，已經開始懷疑子路了，但我的權力還能夠揭發公伯寮，使他被處死而陳屍於市集。」孔子說：「天道要是真的能施行，那是天命所定的；天道要是將要衰敗，那也是天命所注定的。公伯寮能夠拿天命怎麼辦呢！」

(4)**子疾病，子路使門人爲臣①。病閒②，曰：「久矣哉！由之行詐③也，無臣而爲有臣。吾誰欺？欺天乎？且予與其死於臣之手也，無寧④死於二三子之手乎？且予縱不得大葬⑤，予死於道路乎？」**（〈子罕〉十一）

①**子疾病，子路使門人為臣**：孔子病重，子路以爲孔子將病故，所以要弟子假扮家臣治喪。但孔子已不具官職，依禮不應有家臣。

②**病閒**：病情舒緩。

③**詐**：欺瞞。

④**無寧**：寧可。

⑤**大葬**：以大夫之禮安葬。

【語譯】孔子生了重病，子路就號召眾弟子行家臣之禮。孔子病情稍微好些後，（知道了這件事）就斥責子路說：「怎麼子路總是進行這些欺騙的行為呢？（我的身分）本來就不該有家臣的，卻讓弟子充當我的家臣。我要騙誰啊？騙老天爺嗎？何況我與其死在這種僭越禮法的行為下，還不如死在各位弟子手中吧？再說，就算我死後不得隆重的葬禮，難道我會死在路旁沒人管嗎？」

(5)子路宿於石門①。晨門②曰：「奚自③？」子路曰：「自孔氏。」曰：「是知其不可④而爲之者與？」（〈憲問〉四一）

①**石門**：魯城外門。

②**晨門**：職司早晚啓閉城門的人。

③**奚自**：從何而來？

④**知其不可**：明知做不到。

【語譯】子路夜宿於魯城外門石門之外。第二天一早進城時，守城的晨門說：「請問你從何處來？」子路說：「從孔先生那裏來。」晨門說：「就是那位明知不可能還努力去做的人嗎？」

文意解析

第一則選文所載內容是孔子周遊列國時，遭遇困阨的故事。全文所論觸及人處困境之時，是否能持守節操，不受外在遭遇影響。第二則選文同樣是孔子遭厄之記錄，內容敘述一位有德的君子，雖然會遇到不如意的命運，但是對於「周文」理想的實踐，依然有著高度的信心。第三則選文主要是記錄君子為小人所誣陷之事，並從中點出君子對於「行道」之堅持，背後實有著「天命」之信仰。第四則選文由具體事例突出孔子雖然在遇到身體病痛的困擾時，仍能守其志行，不改品格節操，堅持做一個行為合宜的君子。第五則選文，雖然透露了隱者不一定能瞭解孔子，卻從其中看到孔子堅持理想的執著。

其實統觀上述五則選文所示，都告訴我們一個事實，君子仍然會有遇到困頓的可能。只不過，這些不快的遭遇無法更易其心志，更不能撼動其堅守正道的行為。所以，當孔子被圍於陳蔡之間，弟子們對於困境的不快，孔子要點出「時窮節乃見」的方向。由此看來，一個德行良好的君子，並不能保證就能遇到好的結果。不過，能夠成就一個眞正的君子，也常是在如此不如意的遭遇之中，方才看出其品格之高潔，與道德之堅持。因爲，眞正的君子不會爲了他人眼光而改變其行爲，依然堅持行道，所以孔子是眞能固窮者；也不會爲了困蹇的遭遇，容忍一絲道德上的瑕疵。例如當孔子病重之時，不允許子路違禮讓弟子假扮家臣，組織治喪，從而自欺欺人。是故，眞正的君子將「理想是否實踐」歸之於命，但將一切作爲的決定歸之於自己的意志所主導，自我要求、自我承擔，眞誠面對自己的人生。當然，此一「命」義，不是著眼於消極的「命限」，而是積極地相信行道之過程，縱有困境，但「天命」所在，則理想的實現終有可能的一天。

最後，「誤解」或「不爲人知」的經驗，也是人們最常遭遇之事，孔子心中的理想不僅不爲時人所理解，如隱者守晨門之人，只知孔子的作爲是知其不可仍爲之，卻不知這其中所蘊含的理想，正是孔子救世動力之所在。所以，這些隱者只能成爲冷眼的旁觀者，無法成爲一個爲理想而實踐的行動者。更甚者是有人橫加阻遏，百般刁難，如匡人、公伯寮等人，不過，孔子在積極樂觀的行道精神下，依然坦然面對橫逆，無所畏懼。

相關章句

(1)子曰：「不仁者，不可以久處約，不可以長處樂。仁者安仁①，知者利仁②。」（〈里仁〉二）

①**安仁**：不論富貴貧困，心安於仁，自在自得。

②**利仁**：有見行仁之功，有意爲之。

【語譯】孔子說：「沒有仁心的人，不能使他長久處於困頓之中，也不能使他長久處於安樂之中（因為他們會無所不為）。而有仁心的人會因為心安而行仁，有智慧的人則會因為行仁有利而行仁。」

問題與討論

(1)你目前遇到的最大挫折是什麼？你如何面對？你會尋求什麼樣的協助？

(2)有人說「歡喜做，甘願受」，在你成長過程中，是否有挫折連連也要勇往直前的目標？

第二節　誤解與知音

選文與註釋

(1)子見南子①，子路不說②。夫子矢③之曰：「予所否者④，天厭⑤之！天厭之！」（〈雍也〉二六）

①**南子**：衛君夫人。

②**說**：悅。

③**矢**：發誓。

④**予所否者**：我假如有行違禮之事。

⑤**厭**：棄絕。

【語譯】孔子見了衛靈公的夫人南子，子路非常不高興。孔子對著他發誓說：「我如果做了任何逾越禮教的事，上天都會棄絕我啊！上天都會棄絕我啊！」

(2) **子曰：「君子病無能焉，不病人之不己知①也。」**（〈衛靈公〉十八）

①**不己知**：不瞭解自己。

【語譯】孔子說：「有才德的人只擔心自己沒有用世的才能，而不擔心別人不瞭解自己。」

(3) **子曰：「莫我知①也夫②！」子貢曰：「何爲③其莫知子也？」子曰：「不怨天，不尤④人，下學而上達⑤。知我者，其天乎！」**（〈憲問〉三七）

①**莫我知**：即「莫知我」。無人能瞭解我。

②**也夫**：夫，音「服」。感嘆語氣詞。

③**何為**：爲什麼。

④**尤**：責怪。

⑤**下學而上達**：下學人事，上達天理。

【語譯】孔子說：「沒有人瞭解我啊！」子貢問：「老師為何說沒有人瞭解您呢？」孔子說：「（我即使遇到挫折，也能）不怨恨上天，不責怪他人，並且能下學人事，上達天理。瞭解我的人，恐怕只有上天吧！」

(4)冉有曰：「夫子爲①衛君乎？」子貢曰：「諾②！吾將問之。」入曰：「伯夷、叔齊，何人也？」曰：「古之賢人也。」曰：「怨乎？」曰：「求仁而得仁，又何怨？」出，曰：「夫子不爲也。」（〈述而〉十四）

①**為**：音「未」，幫助。

②**諾**：應答之辭。

【語譯】冉有問：「老師是否會幫助衛君（衛靈公）施政呢？」子貢說：「好！我來問一下老師。」子貢進入孔子的廳堂之後，說：「請問老師：伯夷、叔齊是怎麼樣的人呢？」孔子說：「他們都是古代的賢人。」子貢問：「那他們（行義而無報）難道沒有怨恨嗎？」孔子說：「他們都是追求仁道而得到仁德的君子，又有什麼值得怨恨的？」子貢告退而出，對冉有說：「老師不會幫助衛君。」

文意解析

本節所選四則選文，主要重點在於「誤解」。我們一生行事，經常會面臨許多的抉擇，雖然每一次的決定，我們應當會有自己的判斷依據，可是在他人眼中，或許會有不同的評價。於是，在不瞭解的情形下，「誤解」便容易產生。第一則選文記載了孔子往見南子時，由於南子的風評不佳，但迫於局勢，孔子不得不見。但子路卻因不知孔子的想法而誤解。第二則選文著眼於君子修身立世，不必強求他人的瞭解。因爲，對於君子而言，能不能爲他人所知，並非最重要的事。反而自我要求才德的培養，才是君子最看重的事。第三則選文孔子自言無人瞭解，但卻不受影響，仍然精警自持，並言「天」爲知己者。其中，值得注意的是，君子所關心的事，不在於一般人的瞭解與否，而在於我們能否從人倫知識的學習，上體天理。第四則選文則落實於人間事務的抉擇，子貢舉伯夷叔齊之例，請孔子評價，從而知曉「求仁而得仁」是孔子行事的依據，因爲一個仁者生命中最緊要的堅持，在於行仁。所以，人間權位的爭奪，利害的算計，不在君子仁人的考慮之中。依此，子貢進而認爲孔子不會幫助衛君。

總之，從以上的選文來看，孔子的生命歷程充滿了他人的「誤解」，不管是長輩、學生，或是時人，都不曾眞正瞭解孔子的行事依據，及其自許的理想。可是，孔子點出「下學上達」之說，充分表現了人的獨立自主與樂觀向道的精神。這樣的精神給了我們面對誤解困境時的信心，因爲當我們能依循人間正道而行，雖或當時無人理解與支持，但老天爺卻是在正道的路上，與我們同行，而爲我們的最後「知音」，守護著我們的人生腳步。

問題與討論

(1) 白居易〈放言詩〉「周公恐懼流言日，王莽謙恭下士時。若使當時身便死，一生真偽有誰知？」你曾經被他人誤解嗎？你又如何面對？

(2)《楚辭．九歌》：「悲莫悲兮生別離，樂莫樂兮新相知。」你認為「相知相惜」的條件為何？為什麼？你如何能成為他人的知音呢？

第三節　自處的智慧

選文與註釋

(1)子曰：「富與貴是人之所欲也，不以其道①得之，不處②也；貧與賤是人之所惡也，不以其道得之，不去③也。君子去仁，惡乎成名④？君子無終食之間⑤違仁，造次⑥必於是，顛沛⑦必於是。」（〈里仁〉五）

①**道**：正當的途徑。
②**處**：接受、享用。
③**去**：逃避。
④**惡乎成名**：惡，音「屋」，如何。如何成就美名。
⑤**終食之間**：吃完一頓飯的時間，喻時間短暫。
⑥**造次**：急遽倉促。

⑦**顛沛**：困頓流離。

【語譯】孔子說：「富貴的生活是每個人都想要的，可是一個仁德君子如果不循正當的途徑，即使得到富貴，他也不會接受的。貧賤的生活是每個人都厭惡的，可是對一個仁德君子來說，如果要他不循正道來脫離貧賤，他也是不願意的，一位君子如果離開了仁道，他還怎麼稱為一位君子呢？一位仁德君子他是不會有片刻時間離開仁道的，即使是在急遽倉促之時，他也是如此，甚至在流離困頓之時，他也是如此。」

⑵**子曰：「君子謀道不謀食。耕也，餒①在其中矣；學也，祿在其中矣。君子憂道不憂貧。」**（〈衛靈公〉三一）

①**餒**：饑餓。

【語譯】孔子說：「君子重在追求仁道而不重謀取生計。即使務農耕種，都有饑餓而無以維生的可能；而若能致力於學習，祿位自在其中。君子只擔心不能行道，卻不擔心淪於貧困的境遇。」

(3)子貢曰：「貧而無諂①，富而無驕，何如？」子曰：「可也。未若貧而樂②，富而好禮③者也。」（〈學而〉十五）

①**諂**：諂媚。
②**貧而樂**：安貧樂道。
③**富而好禮**：雖富有但能愛好禮義。

【語譯】子貢問孔子說：「如果有人貧窮而不諂媚富人，富裕而不驕傲，那怎麼樣呢？」孔子說：「還不錯。但是還比不上貧窮卻安貧樂道，富裕卻愛好禮義的人啊！」

(4)子曰：「賢哉，回也！一簞食①，一瓢飲②，在陋巷。人不堪③其憂，回也不改其樂。賢哉，回也！」（〈雍也〉九）

①**一簞食**：簞，音「單」，盛飯用的圓形竹簍。一小簍飯。
②**一瓢飲**：瓢，用葫蘆剖製成的舀水器具。一瓢清湯。
③**不堪**：不能忍受。

【語譯】孔子說：「賢德啊，顏回這個人！吃著一小簞飯，喝著一瓢清湯，居住在簡陋的巷子裏。別人都不能忍受這種清寒的生活，而顏回卻不改他（追求理想）的快樂。賢德啊，顏回這個人！」

文意解析

本節所選四則選文，主要想說明人在遇到挫折橫逆時，應當如何自處？由於人會執著，因此當我們面對生命之不如意時，常因執著而產生許多痛苦。睿智如孔子，又如何建構其自處之道呢？第一則選文點出君子當以「仁」為立身的依據，不管人生際遇是順利，或是坎坷，君子但求以仁行道，不因富貴貧賤而改變。第二則與第三則選文，都同樣敘明追求理想世界的實現，比富貴更為重要。雖然，追求溫飽與富裕的生活，確實也是一般人的意願。可是，作為「君子」，生命中有比溫飽與富貴更重要的價值，也就是對仁道的實踐。所以，人生困蹇之時能不喪志，正因安貧樂道的緣故。第四則選文，則具體刻劃安貧樂道的生活。「一簞食，一瓢飲」也能度日，只要我們樂觀面對人生，那麼日日是好日，歲歲是好年。是以，儒門義理實鼓勵人們面對挫折之時，當保持向道的信念，以超越此一困頓之局。

相關章句

(1)子曰：「貧而無怨難，富而無驕易。」（〈憲問〉十一）

【語譯】孔子說：「貧困而不怨恨別人很難做到，富有而不驕傲比較容易做到。」

(2)子曰：「歲寒，然後知松柏之後彫①也。」（〈子罕〉二七）

①**彫**：通「凋」，凋謝。

【語譯】孔子說：「當歲末寒冬，才能知道松柏是不會凋零的。」

問題與討論

(1)面對大學志願的選填，你會選擇有興趣的科系，或是熱門科系？為什麼？你認為人生最重要的事應當是什麼？

(2)當我們處在失落、悲觀的情境時，你會希望誰來幫你？父母？老師？朋友？輔導機構？還是你自己？為什麼？

第八單元

生活的藝術

前言

「生活藝術」，與今日所謂「藝術」的呈現方式並不相同。現今的藝術，有時有特定領域，如繪畫或雕塑；有時有特定場所，如必須到音樂廳或展場。然而孔子也擅長各種藝術活動，但更難得的是他能將藝術融入日常生活中，比如就在第二單元第三節，弟子言志的場合，曾點發言前「鼓瑟希，鏗爾」，不正表示在此之前他一直未停止彈奏？孔門弟子在音樂伴奏下相互討論，是一種怎樣的趣味！這還只是生活中加進藝術而已，本單元要更進一步呈現的是：孔子的「生活」本身即是藝術。

俗話說：「民以食爲天」，彷彿一旦身爲人，就沒有比吃飯更要緊的事了；《論語．里仁》說：「士志於道，而恥惡衣惡食者，未足與議也。」似乎對有精神修養的人而言，也沒有比飲食更不重要的事了。不過，這件事雖不重要，也不能略過，在陳絕糧，不僅是孔子一行人從政生命之一厄，在生活實境上也困頓至極，可見物資的匱乏，造成了孔門師弟的困擾。所以本單元就從飲食談起，共規劃爲三節，首先點出平常生活的境界，以〈鄉黨〉爲例，呈現孔子既嚴謹又優雅的生活質地；其次由山水之趣帶出仁者智者和大自然相親近的關係；最後以成連教導伯牙學琴的故事為引導，談音樂表現的和諧，與人的情感和境界的關係。

第一節　生活的滋味

選文與註釋

(1)子曰：「賢哉，回也！一簞食，一瓢飲，在陋巷。人不堪其憂，回也不改其樂。賢哉，回也！」（〈雍也〉九）

【語譯】孔子說：「賢德啊，顏回這個人！吃著一小簞飯，喝著一瓢清湯，居住在簡陋的巷子裏。別人都不能忍受這種清寒的生活，而顏回卻不改他（追求理想）的快樂。賢德啊，顏回這個人！」

(2)食不厭精，膾不厭細①。……肉雖多，不使勝食氣。惟酒無量，不及亂。……食不語，寢不言②。（〈鄉黨〉八）

①**食不厭精，膾不厭細**：食，飯。膾，音「快」，牛羊魚細切爲肉屑。厭，同「饜」，飽足。不因食、膾之精細而飽食無厭。

②**食不語，寢不言**：食而語，或噎或嗆，或噴飯不潔；寢而言，則傷氣。故皆不爲。

【語譯】（孔子）吃飯、食肉都不會因為飯食的精細就吃得太飽。……即使當餐的肉類很多，也不會暴飲暴食到氣漲的程度。只有酒是隨意喝取，卻不至於喝到敗亂德性的程度。……孔子吃飯時不與人談話，就寢時也不自言自語。

(3)**升車，必正立執綏①。車中，不內顧，不疾言，不親指②。**（〈鄉黨〉十七）

①**綏**：輔助登車的繩索。

②**不疾言，不親指**：疾言，高聲說話；親指，兩手有所指。或疑「親」字有誤，《禮記．曲禮》有「車上不妄指」。

【語譯】（孔子）登上馬車，一定會端正站好並且握緊馬車上的繩子。站在馬車裏，眼睛不東張西望，不大聲喧嘩，手也不指來指去的亂動。

(4)問人於他邦①，再拜而送之②。康子饋藥，拜而受之。曰：「丘未達③，不敢嘗。」（〈鄉黨〉十一）

①**問人於他邦**：問，向人問候、致意。孔子請託使者攜帶禮物向外國友人問好。

②**再拜而送之**：向使者拜兩次而送行。

③**達**：通曉藥性。

【語譯】孔子請託使者向外國友人問好，臨行之前會向使者拜兩次而送行。當季康子饋贈藥物給孔子，孔子先拜謝而接受，再說：「我孔丘尚未通達藥理，不敢親嘗這個藥物。」

(5)師①冕見，及階，子曰：「階也。」及席，子曰：「席也。」皆坐，子告之曰：「某在斯，某在斯。」師冕出，子張問曰：「與師言之道與？」子曰：「然，固相②師

之道也。」（〈衛靈公〉四一）

①**師**：樂師。
②**相**：輔助。

【語譯】魯國的樂師冕來見孔子，走到了臺階前，孔子說：「這有臺階。」師冕走到座位前，孔子說：「這是座位。」所有人都坐定後。孔子告訴師冕說：「某某人在這裏，某某人在這裏。」師冕離開後，子張問說：「這就是接待樂師的方式？」孔子：「是的！這就是扶助（盲人）樂師的方法啊！」

文意解析

選文中有關日常生活的通義，孔子的體會也許比我們更深。

吃飯之重要，我們若深入顏回這樣的境地，則吃飯便是藝術，豈有不重要之理？然而吃飯之不重要，是因爲若只能吃飯，甚至活著只爲吃飯而不及於藝術，這眞是我們想要的生活嗎？將孔子論顏回這一則放在首位，是因爲生活本應過得快樂。但如何才是快樂？又如何才能快樂？卻是大學問。快樂一般建立在某些特定條件的滿足，如渴者得飲，饑者得食，貧者得金，孤寂者得友朋。但孔子對顏回讚歎了兩次，顏回的賢又在何處可見呢？顏回的賢，是否正是這樣：快樂本來不待外求？像本則的顏回，孔子特地藉由同一處境卻有不同心境的對比：「人（不堪其憂）／回（不改其樂）」，襯托顏回在陋巷的平凡中之不平凡。不正是因為顏回能超越任何有形的需求，「無入而不自得」嗎？

生活中也有與人往來的一面，在〈鄉黨〉呈現得更豐富，這裏引用三則。第二則和我們目前流行的養生觀念極相符。飲食的節制，餐間與人共食的基本禮貌，對自己身體狀況的熟悉與照護……等，雖平實簡易，但只要看看暴飲暴食之例及社會版的酒駕悲劇，就知道要完全實踐也不容易啊！第三則有關孔子乘車時的謹慎，在用車頻繁的今日，肯定還有值得我們學習踐履之處。在佛教中有這樣的言教：「行如風，立如松，坐如鐘，臥如弓。」此亦見威儀，也見養生，又見動靜各有其宜。在孔子亦然，行住坐臥都慎重以對，無一言語苟且，又不過於嚴肅；無一行動拘謹，又不過於粗率；既有節度，又不為節度所拘束……等等，我們不是都在上述的實錄中看得一清二楚嗎？

總上而言，都是生活常規。常規不僅國與國異而已，甚至人人不同，不必強求一律。但至少建立起自己可以信賴、可以養生的規律，則是每個人都要細思之處。常規之外，孔子也享受著生活中的一切。但並不是單純注重享受，而是在節制中的享受。又嚴謹又享受，這樣的風範，我們能否具體地想像呢？

第四則，見孔子對他人的敬重與分寸。有所託於他人，則再拜而送別；受他人饋藥，拜受乃常禮，而不嘗則包含著孔子對事的特殊判斷。亦即，拜受既是循禮，而禮制中本含有對餽贈者心意的領受；不嘗既是孔子的自主行爲，行爲之因乃出於對自己生命的尊重。

最後一則，古代常以盲人爲樂師，「師冕」亦然。這章正藉由子張「與師言之道與」的困惑，暗示孔子如此對待樂師的方式，並無前例可循，同時一般人也未必這麼做。設身處地而讓樂師能免除焦慮——對空間感與在場者一無所知的焦慮，是多麼細膩的心思呢？

以上數則，隱含著能隨境而變化其行爲，又在變化中保持合宜而不失格（品格和格調），便是「聖之時者」的要義。不正是在記錄孔子生活中的瑣碎諸事之中，統整出讓我們看見一貫而靈動的精神嗎？

相關章句

(1)鄉人飲酒，杖者出，斯出矣。鄉人儺①，朝服而立於阼階②。（〈鄉黨〉十）

①**儺**：音「挪」，古人驅疫逐鬼，而祭之於道上。

②**阼階**：東階。

【語譯】鄉里間在舉行「鄉飲酒」之禮（古代鄉里的聯誼聚會）時，孔子一定等待持杖的長者離開才離開。鄉里間再舉行驅役逐鬼的儺禮時，孔子一定穿著正式的禮服站在東階之上觀看。

(2)**寢不尸，居不容①。**（〈鄉黨〉十六）

①**寢不尸，居不容**：此章爲節選，原章乃言孔子容貌之變。所選兩句各有兩解。寢不尸，或解尸同屍，謂寢時不若死尸之平躺，乃孔子側睡之證；或解尸作祭祀之尸，謂寢時便不若祭祀之尸般端肅，而能舒閒。居不容，或解作居家時不特意裝束，而能舒泰；或說「居不客」，居家時不如作客般拘謹。

【語譯】（孔子）睡覺時不似死屍之平躺（另解：孔子睡覺時容態舒閒，不似祭祀時「尸」（古時祭禮中代表死者受祭的活人）之端肅。而居家時也不特意裝束，舒泰而不拘謹。

(3)子之所慎①：齊，戰，疾②。（〈述而〉十二）

①**慎**：謹慎。

②**齊，戰，疾**：齊，音「宅」，陰平聲，齋戒。戰，戰事。疾，重病。

【語譯】孔子最謹慎小心的國家政事是：齋戒（祭祀）、戰爭與重病（因戰爭導致的民生疾苦）。

問題與討論

(1)孔子的生活會不會太多規矩？會不會太拘束？俗話說：「吃有吃相，坐有坐相。」何謂吃相？或吃或坐，皆僅有一相嗎？

(2)中、西餐各有其禮儀，你們家中是否也有一般的餐桌禮儀呢？請思考其中有何意涵？

(3)你遇過盲人嗎？你知道如何與盲人相處嗎？也知道很多盲人是可以獨立生活的嗎？你知道臺灣有那些傑出的眼盲人士嗎？

第二節　山水的靈性

選文與註釋

(1)子曰：「知者樂水，仁者樂山；知者動，仁者靜；知者樂，仁者壽。」（〈雍也〉二一）

【語譯】孔子說：「智者喜愛水，而仁者喜愛山；智者的心思靈動，而仁者敦厚寧靜；智者處世得宜常處悅樂，而仁者心安理得延年益壽。」

(2)子在川上曰：「逝①者如斯夫②！不舍③晝夜。」（〈子罕〉十六）

①**逝**：往。

②**如斯夫**：斯，此也，指奔流的河水。就像這向前奔流的河水吧！

③**舍**：通「捨」，停。

【語譯】孔子站在河畔，說：「流逝的時光就像這條河水啊！晝夜不停。」

(3)「點，爾何如？」鼓瑟希，鏗爾，舍瑟而作。……曰：「莫春者，春服既成，冠者五六人，童子六七人，浴乎沂，風乎舞雩，詠而歸。」夫子喟然歎曰：「吾與點也！」（〈先進〉二五。請參看第二單元第三節。）

【語譯】孔子說：「曾點啊，你的志向如何？」曾點彈奏瑟的聲音漸歇，放下瑟發出鏗鏘之音，起立回答：「我希望能在暮春三月，穿著已經製成的春衫，和五六個大人，六七個孩子，在沂水邊洗浴，再到祭祀祈雨的舞雩臺上吹風，最後歌詠而歸。」孔子歎了一口氣說：「我認同曾點的志向。」

文意解析

第一則是以兩種不同人格典型展開的論述。知者心思靈活，故喜水之靈動、變化多端和履險如夷……等特質；仁者性格敦厚，故欣賞山之安靜、沉穩厚實和崇高雄偉……等風姿。

第二則寫孔子面對流水而興起一種對於時間流逝的感慨，也同時藉由水不捨的特性來自我譬喻，就像「天行健，君子以自強不息」，不正是人以大自然爲師很好的寫照嗎？

第三則重引於此，是著重在孔子對曾點志趣的讚賞。曾點的志趣，在配合著時節，而有與天地同春，與人同樂，既徜徉於天地之間，又無人我之隔閡。這樣的境界，不只是寫個人能力的發揮，也不是局限在嚮往國家的強大，更不是故作謙虛若胸無大志，而是真能道出每個人所祈願的安泰祥和，又不直接淺露，而以詩意方式點染，更能傳達此心境的特質，這大概是孔子讚歎不已的原因吧！

由本節可見，孔子及其弟子不僅對大自然的意味深有體會，人與自然的相應，也各有不同的性格與面貌。

問題與討論

(1)你比較喜歡山還是比較喜歡水？從你自己的喜好中，可以覺察到自己的人格特質嗎？

(2)你喜歡大自然嗎？曾靜靜地坐看雲起嗎？傾聽過泉流石上的清音嗎？除了景致的美

好，大自然還給你什麼樣的感受和啓發呢？

第三節　音樂的造詣

引言

伯牙為子期碎琴的故事，想必大家耳熟能詳。但伯牙高超的琴藝又怎麼學得呢？有這麼個傳說。

伯牙師從成連，經過三年仍不能到達最高境界。照成連看，是因為伯牙還不能精神專一，情感澹泊的緣故，便說：「我的老師方子春，現在人在東海中，他比我更高明，能潛移人的性情。」便帶領伯牙往訪。到了蓬萊山，將伯牙留宿在那兒，並說：「你先暫且在此自習，我這就去迎請師尊。」便搖船而去。不料此去經十餘日，未見成連返回。伯牙環顧四周，杳無人跡，只聽聞海水轟然往來，遠望山林蒼翠深遠，近聽海鳥爭食悲鳴，慨然感嘆：「這與師祖無關啊！只是先生要藉此默化我的性情啊！」於是鼓琴而歌。曲終，成連搖船來接伯牙回返。伯牙從此琴藝遂爲天下至妙。

故事的眞實性雖不可知，但設計故事者，認爲由大自然領略某種意趣，可使琴藝至於「神乎其技」之境。上一節，我們才剛討論了孔門所體會的山水靈性，而成連的用心與伯牙的體會，不正說明了人文的音樂和大自然的靈秀之間，也可有神秘的互通嗎？更且故事中，所以成就琴藝的關鍵，還在伯牙其人性情、心志的變化。我們看看孔門習樂的情景，以及孔子對音樂的見解，則其沉浸之深、造詣之精，大概可以想像吧！

選文與註釋

(1) 子曰：「由之瑟，奚爲於丘之門？」門人不敬子路。子曰：「由也升堂矣，未入於室也。」（〈先進〉十四）

【語譯】孔子說：「子路把瑟彈成這個樣子，怎麼能算是我的門人呢？」其他弟子聽了，就不尊敬子路。孔子（知道了，馬上補充）說：「子路的功力，算是已經進到我家的大廳，可是還沒進到我的房室而已（引申為子路的學養已達到一定的程度，只是尚未臻於精微奧妙之境而已）。」

(2)子在齊聞〈韶〉①，三月不知肉味。曰：「不圖②為樂之至於斯也！」（〈述而〉十三）

①**韶**：相傳爲舜的朝廷音樂。

②**圖**：料想。

【語譯】孔子在齊國聽到了舜所制作的〈韶樂〉，快樂得三個月都不知肉味為何。他說：「沒有料想到音樂的妙用會到達這種境界啊！」

(3)子語魯太師樂，曰：「樂其①可知也。始作，翕如②也；從之，純如③也，皦如④也，繹如⑤也，以成。」（〈八佾〉二三）

①**其**：大概。

②**翕如**：翕，音「ㄒㄧˋ」。翕如，變動繁盛。

③**純如**：純，和諧。純如，音調和諧。

④**皦如**：皦，音「皎」，明白。皦如，音節分明。

⑤**繹如**：繹，音「易」，連續。繹如，志意條貫。

【語譯】孔子和魯國樂師談論音樂，說：「音樂大概是可以瞭解的。一開始演奏，有著眾音並作的變動繁盛；繼續進行時又呈現音韻調和之美，音節分明，相生不絕，以至於圓滿結束。」

(4)子曰：「興於《詩》，立於禮，成於樂。」（〈泰伯〉八）

【語譯】孔子說：「人因為讀《詩》而興發情感，因學禮而能立身處世，又因為習樂而養成人格與氣度。」

文意解析

在佛教中表達從師而得之境，也有所謂得肉、得骨、得髓之喻。第一則的「升堂入室」不也是我們常聞常見的境界比喻嗎？全章表達了什麼呢？孔子對聲音質地的感受如此敏銳啊！子路的樂音如何，今日自不得而知，但是樂音及樂音中的人品是有瑕疵的。正是如此，才會轉出「門人不敬子路」，不然孔子批評子路彈奏的音樂，而門人何以定然要不敬子路呢？另一方面，子路樂音、人品的境界固然有可批評處，但仍在水平之上啊！只是還待升進而已。因此，以「升堂入室」爲喻，正表達孔子對子路造詣的精準定位。

每個人都有一時忘我的經驗，第二則孔子聞〈韶〉，似乎不只是一時忘我而已。以肉味的享受作爲對比，以三月之長爲形容，乃見孔子浸潤〈韶〉樂之深入。

第三則是孔子音樂思想的總結。四個形容詞分別表示欣賞音樂的不同境界，而且有階段和層次；同時也表示我們從事音樂創作時，可以達至的理想有多少可能。四個形容詞，分別談論形式上的繁簡，和內容的不同特質。

第四則，選自〈泰伯〉篇的一章。該篇以「至德」發端，而興於詩的感性興發，立於禮的理性實踐，成於樂的情理交融，正說明如何經由教育方式的逐步陶冶，而達到理想的人格境界。所以，興、立、成，既是文化理想，也是教育的宏規。又當注意的是，詩、禮、樂雖然是傳統的知識，但這樣的理想和次第，並非古來定下的，若非對文學、禮制和音樂均有極深的造詣，那裏能說出如此的學問規模？

相關章句

(1)子謂〈韶〉：「盡美矣，又盡善也。」謂〈武〉：「盡美矣，未盡善也。」（〈八佾〉二五）

【語譯】孔子評論舜所作的〈韶〉樂說：「韶樂已經達到了美與善的極致。」孔子也評論描述武王伐紂的〈武〉樂說：「武樂已經達到了美的極致，卻尚未達到極善的境界。」

(2)子曰：「泰伯其可謂至德也已矣！三以天下讓，民無得而稱焉。」（〈泰伯〉一）

【語譯】孔子說：「文王之父季歷的長兄泰伯，大概可以稱得上是德行最高的人了！（因為父親看好幼子季歷）他多次把天下的權位讓給弟弟季歷（在外不回國繼承君位），人們無從得知泰伯的謙讓之德而稱讚他。」

問題與討論

(1)你喜歡什麼樣的音樂？請說出你的體會和自得之樂，與同學分享，並比較大家的喜好有何不同。

(2)你也有這樣的經驗嗎？投入一樣事物或技藝的學習，而忘掉了日常生活中的苦與樂？能否說來和同學分享。

第九單元

品德與領導

前言

教育並非只是舊知識的儲藏，同時也在培養具前瞻性的新一代。多數動物是以群聚維繫其族類，人類尤其如此；既有群體，必有領導與組織，而領導究竟要具備那些要素？本單元闡明孔子如何思考品德與領導的關係。談到領導，在領導者與被領導者之間，人們或許會關注其間的權力對抗關係，以爲領導不外乎講求領導才能與技巧，於是領導的問題被簡化爲一種技術，而人群共同存在的理想將蕩然無存。孔子的想法比較特別。他更著重在領導者對理想的體會與獻身，他看重領導者的修養更甚於權力的關係，如此才能使群體共同趨向於理想的境地。本單元分爲三節：第一節揭示領導者須服膺的理想；第二節強調領導者自身的品德修養；第三節探討領導者如何知人、用人的課題。

第一節　行道——領導者服膺的理想

引言

領導者形塑的願景能夠帶領整個團體實踐夢想，更能在追逐夢想的路上，點燃群衆的希望與熱情，凝聚衆人共識，畫出人生或事業的最佳藍圖。福特汽車公司的創辦人亨利·福特，努力實現「讓一般人也能擁有自己的汽車」的理想，於是在一九〇八年生產出世界上第一輛屬於平民百姓的汽車，而世界汽車工業革命就此展開，福特先生也因此被尊爲「爲世界裝上輪子的人」。在上一世紀的九〇年代，蘋果電腦公司堅持著一個願景：「設計一部簡單而平易近人的電腦，一部讓人們可以自由思考的電腦。」於是，誕生了麥金塔電腦。這股熱忱、創新的精神，更延續到現在許多人手中的i-phone、i-pad。在賈伯斯的手中，蘋果產品變身爲年輕人的最愛，它是藝術品、工藝品，更是流行的指標，而這些成果皆是賈伯斯願景的一步步實踐。大凡領導者所服膺的理想，均是帶領衆人實現夢想的發祥之地。誠如美國建築師丹尼爾·哈德遜·伯納姆所言：「不要做小鼻子小眼睛的計畫，它們欠缺讓人熱血沸騰的魔力。」因此，建立偉大的願景便是邁向優秀領導者的第一步。

選文與註釋

(1)陽貨欲見孔子①，孔子不見，歸孔子豚②。孔子時其亡③也，而往拜之，遇諸塗④。謂孔子曰：「來，予與爾言。」曰：「懷其寶而迷其邦，可謂仁乎？」曰：「不可。」⑤「好從事而亟⑥失時，可謂知乎？」曰：「不可。」「日月逝矣！歲不我與！」孔子曰：「諾！吾將仕矣。」（〈陽貨〉一）

①**陽貨欲見孔子**：陽貨，即陽虎，季氏家臣，把持魯國國政。陽貨欲令孔子前來拜會，並出仕來幫助自己。

②**歸孔子豚**：歸，音「潰」，同「饋」，以物相贈。豚，蒸熟的小豬。陽貨故意饋贈孔子一隻蒸熟的小豬，以使孔子不得不依古禮前來拜謝。

③**時其亡**：時，窺伺，探聽；亡，通「無」，外出。探聽到陽貨外出。

④**遇諸塗**：塗，途，道路。兩人在路上不期而遇。

⑤**日不可**：此「日不可」是陽貨自問自答，以下同此。

⑥亟：音「氣」，屢次。

【語譯】陽貨想見孔子，孔子不想見他，陽貨就贈送孔子一隻蒸熟的小豬，好讓孔子（依禮回拜）去見他。孔子趁陽貨外出不在時，前往他的家去拜謝，不料卻在半路上遇見了他。陽貨對孔子說：「來，我有話要跟你說。」他接著說：「懷有珍貴的才德卻聽任國家陷於混亂狀態，這可以說是仁嗎？」一個亂臣賊子以表面上義正詞嚴的話質問孔子，陽貨只能自己回答說：「不可以吧！」陽貨接著又說：「有意出仕施展抱負，卻屢次錯失機會，這可以說是智嗎？」然後又自己回答說：「也不可以吧！」接著陽貨說：「時光流逝，時間不等待我們啊！」孔子勉強敷衍地回答說：「好吧，我將要出仕從政了。」。

(2)子路從而後，遇丈人，以杖荷蓧①。子路問曰：「子見夫子乎？」丈人曰：「四體不勤，五穀不分，孰爲夫子？」植其杖而芸②。子路拱③而立。止子路宿，殺雞爲黍而食之，見其二子焉。明日，子路行以告。子曰：「隱者也。」使子路反見之。至，則行矣。子路曰：「不仕無義。長幼之節，不可廢也④；君臣之義，如之何其廢之？欲潔其身，而亂大倫⑤。君子之仕也，行其義也。道之不行，已知之矣。」

（〈微子〉七）

①**蓧**：音「吊」，除草用具。

②**植其杖而芸**：植，豎立。芸，除草。言豎起拐杖，俯身除草。

③**拱**：兩手相合，表示敬意。

④**長幼之節，不可廢也**：指丈人介紹其二子與子路相見。

⑤**欲潔其身，而亂大倫**：指丈人避世不出本爲潔身自愛，殊不知反而毀棄了君臣之義。

【語譯】子路跟從孔子出行，略有耽擱而落後了，遇見一個老人，他用木杖擔著一個除草的竹器。子路上前問道：「你有沒有看到我的老師？」老人說：「你們這些人，手足不勞動，五穀也不能分辨，誰是你的老師？」說完，插好木杖就去除草了。子路拱著手恭敬地站在旁邊。後來老人留子路在家裏過夜，並殺雞煮飯來招待他，又叫他的兩個兒子出來和子路見面。次日，子路辭別了老人，趕上孔子，並告訴孔子昨天的事。孔子說：「這人是個隱者啊！」叫子路再回去看他。走到老人住處時，他已經出去了。子路便對他的家人說：「不出來為國家盡點力是不應該的。你們既然明白長幼尊卑的禮節不能廢去，君臣的大義，又如何能廢棄呢？為了保持己身的高潔，反而淡忘了最大的人倫關係。君子出來做事，是實踐君臣的大義。至於大道無法施行，這是早就知道的事了。」

文意解析

就領導者而言，決定其領導作爲之價值位階，關鍵在於他對共同理想的認知與體悟。若缺乏對理想的修爲，則無法成爲眞正的領導者，反而使私我成爲領導作爲的核心，而領導一事也將淪爲權力追逐的技術操作。

從第一則選文，我們可以看到孔子如何迴避陽貨的邀請，以及最終的出仕承諾。君子懷著行道的理想，一方面要保持理想的尊嚴，避免實踐理想此事淪爲當權者利用的工具，另一方面又不可因此而坐失行道的機會，折衷權衡，步步艱難。孔子看準陽貨不在家時前往回拜，正是爲了避免落入陽貨利用自己的陷阱；但不巧半途相遇，當陽貨以巧言試探，孔子也不因陽貨其人而放棄行道盡義的機會。這一個承諾，正顯示出孔子的堅持與權變。

第二則選文，是子路尋師而路遇隱者荷蓧丈人的故事。從丈人命二子見子路，顯然並未廢棄人倫，而仍有所堅持。然而在孔子眼中，卻只是潔身自愛，而未肯挺身擔當，故於君臣之義有所未盡。由此可見，孔子認爲「出仕」不在於個人的功成名就，而在於實踐超越個人的普遍價值。或許，「知其不可而爲之」的理想，有時未必能激起多少波瀾，但颶風起於萍末，正道的力量是可以傳遞久遠的。「君子之仕也，行其義也。道之不行，已知之矣」，更可看到出仕的目的，在於實踐正道，即使正道無法行於天下，依然挺身擔當，這就是行道盡義。由此我們可以思考，要成爲領導者，當事人應先追問的不是如何領導，而是自己爲何要擔當領導？是爲了秀出群倫而爲衆人羨慕的對象？是爲了掌握更大的權力而獲得滿足？還是爲了更大的權力可謀求更多的利益？歷史長河中，政治舞台上，一個領導者的價值，終究得訴諸其所懷的理想，與對此理想的體認。

相關章句

(1)顏淵、季路侍。子曰：「盍各言爾志？」子路曰：「願車馬衣（輕）裘，與朋友共，敝之而無憾。」顏淵曰：「願無伐善，無施勞。」子路曰：「願聞子之志。」子曰：「老者安之，朋友信之，少者懷之。」（〈公冶長〉二六）

【語譯】顏淵、子路侍立在孔子身邊。孔子說：「你們何不各自說說自己的志向？」子路說：「我願意把自己的車輛、馬匹、衣服、皮衣跟朋友一起享用，用壞了也沒有怨言。」顏淵說：「我希望不誇耀自己的長處，也不張揚自己的功勞。」子路說：「我們希望聽聽老師的志向。」孔子說：「我希望老年人能得到奉養而安樂，朋友之間都能以誠信相待，少年人都能得到關懷與愛護。」

(2) **子貢曰：「如有博施於民而能濟眾，何如？可謂仁乎？」子曰：「何事於仁，必也聖乎！堯舜其猶病諸！夫仁者，己欲立而立人，己欲達而達人。能近取譬，可謂仁之方也已。」**（〈雍也〉三十）

【語譯】子貢問：「如果有（領導者）對人民廣施恩惠，又能救濟人民，（這位領導者）怎麼樣呢？可以稱得上是『仁』嗎？」孔子回答說：「這豈止稱得上是『仁』，應該可以稱得上是『聖』了吧！連堯舜恐怕都做不到呢！真正被稱為仁者的人，自己要能在社會立身，也希望別人能立身；自己希望能在社會上通達，也希望別人能通達正道。能從自己開始做起，推己及人，這就是實踐仁道的方法了。」

問題與討論

(1)孔子為什麼不去見陽貨？你能明白孔子的用心嗎？
(2)假如你有機會擔任學校畢業紀念冊的主編，你對這本紀念冊有何種期待？又將如何帶領各班主編共同達成任務？
(3)若你是團體中被領導的角色，你對領導者有什麼期待？

第二節　崇德——領導者的品德修養

選文與註釋

(1)或曰：「雍也，仁而不佞①。」子曰：「焉用佞？禦人以口給②，屢憎於人。不知其仁，焉用佞？」（〈公冶長〉五）

①**佞**：指口才好。
②**禦人以口給**：禦，應對。口給，口才流利，辯才無礙。

【語譯】有人批評仲弓說：「雍這個人啊，有仁德卻沒有口才。」孔子就回答說：「靠口才有什麼用呢？只知道用好口才去應對他人，常讓人感到憎惡。仲弓是否可稱得上『仁』我不敢說，但是口才有什麼用呢？」

(2)**子曰：「孟之反①不伐②，奔而殿③。將入門，策④其馬，曰：『非敢後也，馬不進也。』」**（〈雍也〉十五）

①**孟之反**：魯大夫。
②**伐**：誇耀。
③**奔而殿**：敗陣時，殿後以掩護軍隊撤退。
④**策**：鞭打。

【語譯】孔子說：「（魯國大夫）孟之反從不誇耀自己的功勞，敗陣時騎馬在全軍的最後面（以掩護軍隊撤退）。要進城門的時候，卻鞭策著他的馬，說：『不是我要走在最後頭，是我的馬不肯往前。」

(3)子絕四：毋意①，毋必②，毋固③，毋我④。（〈子罕〉四）

①**意**：通「臆」，猜測。
②**必**：武斷。
③**固**：固執成見。
④**我**：自我中心。

【語譯】孔子禁絕四種態度：不事先臆測、不武斷決定、不固執成見、不自我中心。

(4)子張問仁於孔子。孔子曰：「能行五者於天下，爲仁矣。」請問之。曰：「恭、寬、信、敏、惠①。恭則不侮，寬則得眾，信則人任焉，敏則有功，惠則足以使人。」（〈陽貨〉六）

①**恭**、**寬**、**信**、**敏**、**惠**：恭，恭敬莊重。寬，寬大、寬厚。信，守信、誠實。敏，勤敏。惠，施恩、慈惠。

【語譯】子張向孔子請教如何行仁。孔子說：「若能實行五種品德於天下，就是能行仁道了。」子張請問是哪五種品德。孔子說：「恭敬、寬厚、誠信、勤敏、仁惠。恭敬就不會受到侮辱，寬厚就會得到民心，誠信就能獲得上下的信任，勤敏就能成就事功，（平時待人）慈惠就能夠使人民接受領導。」

文意解析

領導眾人絕對不是一件容易的事！而考驗領導者的正是被領導者。他們既觀察領導者做事的能力（才），同時也在評估領導者是否值得信任與託付（德）。所以領導者除須有做事的才能外，還必須以其品德贏得信任。值得注意的是，領導者的人格修養常是成敗關鍵，並且在細節中顯現。第一則選文指出，徒恃口才是不足取的，因爲實情不會因爲言語的裝飾而被遮蔽，如果只著眼於說話的技巧而不重視實情，只會招致更多的怨憎。第二則選文，孟之反確實是好的領導者，不但愛護士兵，且不自誇耀，宜乎其得軍心。而第三則選文，本來是孔子有所不爲的道德堅持，但也可以提醒領導者，切勿因權力的迷惑而剛愎自用，若不能時時反躬自省，鮮能不因自我膨脹而流於「意、必、固、我」。關於第四則的選文，我們可以從不恭、不寬、不信、不敏、不惠，來思考其可能的後果，也就是說：不自莊重則使人輕慢而易受侮辱，不寬容厚道則不能得眾人親附而紛紛遠離，不信實則人將不再信任，不勤敏則怠惰做事無功，吝於施恩則不易讓人樂於接受領導。而「恭、寬、信、敏、惠」分別涉及了領導者之自處、容人、誠信、敬業與領導技巧，是領導者必須時時謹記於心的原則。

相關章句

(1)仲弓問仁。子曰：「出門如見大賓，使民如承大祭。己所不欲，勿施於人。在邦無怨，在家無怨。」仲弓曰：「雍雖不敏，請事斯語矣。」（〈顏淵〉二）

【語譯】仲弓請教孔子如何行仁。孔子回答說：「出門時要像是去會見重要的賓客那樣（的慎重），要使百姓服勞役要像承辦祭祀大典那樣（的慎重）。自己不希望別人對我做的事情，我也不要對別人做同樣的事情。（如果能夠這樣有同理心，）不管在諸侯之邦或是士大夫之家做事，都不會被上司和下屬埋怨。」仲弓回答說：「我冉雍雖然不夠聰敏，但是我願意努力照您的話去做。」

(2)孔子曰：「君子有九思①：視思明，聽思聰，色思溫，貌思恭，言思忠，事思敬，疑思問，忿思難，見得思義。」（〈季氏〉十）

①**九思**：思，考慮。本章所言九種考慮是：所見所聞力求精確明白；待人接物時態度應溫和謙恭；言語要真誠；做事要認真；遇疑難向人請教；忿怒時考慮後患；見有可得的利益應考慮是否正當。

【語譯】孔子說：「君子有九件該用心思考的事：看事物要力求分明；聽人說話要力求聽得清楚無誤；神色要力求溫和；待人接物力求謙恭；說話務必忠實；做事務必謹慎敬重；有了疑惑要問清楚；忿怒時要想到事後的禍害；見了財利要想自己應不應該取得。」

問題與討論

(1)在班級或社團中，你見過有魅力的領導者嗎？他們具備怎樣的人格特質？

(2)「口才」對一個領導者的重要性在那裏？口才不好的人，真的不適合擔任領導者嗎？

為什麼？

(3) 一個「意、必、固、我」的人，會有怎樣的領導風格？如果你是領導者，當你的堅持與衆人的意見相去甚遠時，你該如何處理？

第三節　辨惑——領導者的知人、用人

選文與註釋

(1) 互鄉①難與言。童子見②，門人惑。子曰：「與其進也，不與其退也③。唯何甚④！人絜己以進，與其絜也，不保其往也⑤。」（〈述而〉二十九）

①**互鄉**：地名，不詳所在。

②**見**：得到接見。

③**與其進也，不與其退也**：與，讚許。進，進取請益。退，退後犯錯。讚許童子進取請益，但不會去讚許童子請益之後犯錯的行爲。

④**唯何甚**：何必要求太多。

⑤**與其絜也，不保其往也**：絜，潔。保，擔保。讚許童子潔身自好，但不保證其過往。

【語譯】互鄉這個地方的人很難溝通。有一天一個互鄉童子來求見孔子，（孔子也接見了，）弟子就大惑不解。孔子說：「我們要鼓勵一個人進取，但這不意味也讚許他離開後所做的一切事。我們做人不要那麼過分！別人都已經自己潔身自愛而求進了，我們就要讚許他的精進；至於這個鄉里的人過去曾經如何，我們原也無法保證。」

(2)**子張問明①。子曰：「浸潤之譖②，膚受之愬③，不行④焉，可謂明也已矣。浸潤之譖，膚受之愬，不行焉，可謂遠⑤也已矣。」**（〈顏淵〉六）

①**明**：見事明白，識人之明。

②**浸潤之譖**：譖，音「怎」，去聲，讒言。如水浸漬，不易覺察的讒言。

③**膚受之愬**：愬，音「素」，訴冤。急迫切身的冤訴。

④**不行**：起不了作用。

⑤**遠**：因明白而有遠見。

【語譯】子張問孔子如何保持清明的觀照。孔子說：「有些毀謗人的話，會像水的浸潤那樣慢慢形成，不易察覺（因而使人易受蒙蔽）；有些急切訴冤的話，也很容易使人在沒有思考清楚之下驟然做下判斷，這兩樣情況都不讓它發生，就算是有識人處事之明了。毀謗人的話如水的浸潤那樣慢慢形成，急切訴冤的話，如切膚之痛般迅速影響了人，這兩樣情況都不讓它發生，就算是有遠見了。」

(3)**子張問崇德、辨惑。子曰：「主忠信，徙義①，崇德也。愛之欲其生，惡之欲其死②；既欲其生，又欲其死，是惑也。『誠不以富，亦祇以異③。』」**（〈顏淵〉十）

①**徙義**：徙，音「洗」，遷徙。依義理修正行爲。

②**愛之欲其生，惡之欲其死**：指好惡無常，先後反覆。

③**誠不以富，亦祇以異**：《詩・小雅》〈我行其野〉詩句。實在不能因而得到好處，只是使人怪異罷了。或謂此二句爲衍文。

【語譯】子張問孔子如何增長自身的德行，明辨疑惑之處。孔子說：「人要以忠信為主，再依義理來修正行為，就能增長德行。如果喜愛一個人就想要他活下去，恨他時卻希望他死；既然要他活著，之後又希望他死，這樣反覆的行徑不是令人疑惑嗎？『（上位者）實在不能因此得到好處，只是令人覺得怪異而已。』」

(4)子曰：「君子不以言舉人，不以人廢言。」（〈衛靈公〉二三）

【語譯】孔子說：「君子不輕易因為某人的某些（看似很好的）言論而提拔一個人，也不會輕易因為一個人（的無德）而廢棄他的言論。」

文意解析

知人、用人是一大學問，領導者如果不善於知人、用人，常與他本身的偏蔽有關，這就是「惑」。領導者不可能沒有好惡，也不可能沒有看法與判斷；但若不能常常省察，將造成好惡失度，剛愎自用，看法轉成偏見，漸而障蔽其心。史書所載導亂致禍之例，斑斑可考。因此，對領導者而言，常自省其障蔽，是不可或缺的修養工夫。

第一則選文一開始就透露互鄉之人多自以爲是，難以與他們溝通，講論道理。但當互鄉的童子前來求見孔子時，我們看到，孔子並不以一般的成見來判斷人，他只就童子當前請益的向上之心，加以讚許而予以教誨。他既不追問童子的過往，也不臆斷他的將來，這就是「君子成人之美，不成人之惡」。這樣的原則，不只在人才教育中適用，在公眾事務中也可運用。領導者若能珍視他人向上之心，覺察他人的優點，不只是給他人一個機會，也是給自己一個機會。當然，這不是做「好好先生」，也不是濫情，而必須以崇德、辨惑的修養爲根基。

在第二、三則選文，我們從子張向孔子的提問，具體地得知：如何有識人之明、見事明白，如何崇德、辨惑。這是領導者必備的修養。孔子認爲，我們能免於如水浸漬而不易覺察的讒言，又能拒絕切身之痛般的訴冤，才算是明智而有遠見的領導者。因爲，讒言雖是捕風捉影，但若漸漸滲透，將使領導者不易察覺而造成錯誤的印象。而訴冤者多就利害敏感處挑撥，易於影響領導者的事理判斷。因此，作爲領導者不能耳根軟，而明辨的智慧，必須透過崇德、辨惑來培養。崇德與辨惑是一體兩面，非崇德不足以辨惑。「崇德」是指領導者必須忠信存於心，聽聞義理而能遷善以修正自己的行爲。「辨惑」則強調領導者必須時時留意自己的好惡是否失察，否則最終會導致可悲的後果。

第四則選文雖然簡短，但也適合作爲領導者知人、用人的原則。孔子認爲，一位君子不會因一個人能言善道就推舉他，也不會因一個人失德，就連他所說的話或見解也不理會。其理由在於，「有言者不必有德」（《憲問》四），能言善道的人未必實有其德、實有其能，故不可輕用，輕用則害事；而即使失德之人，他的見解或議論，也許仍有中肯之處，故不可輕棄，輕棄則失察。人才各有長短，對的人擺在對的位置，知人善任，正是領導藝術的重點。

相關章句

(1) 子曰：「不逆詐①，不億不信②。抑亦先覺③者，是賢乎！」（〈憲問〉三一）

①**不逆詐**：逆，料想。不料想對方詐欺。

②**不億不信**：億，同「臆」，揣度。不猜想對方不誠信。

③**抑亦先覺**：而又能先有所覺察。

【語譯】孔子說：「一個人如果不隨意料想對方詐欺，不隨意揣度事情，不猜測對方不誠信，而又對事情有先見之明，這樣就可以稱得上是一位賢者了。」

(2)子曰：「眾惡之，必察焉；眾好之，必察焉。」（〈衛靈公〉二八）

【語譯】孔子說：「大家都厭惡的人，一定要透過自己的觀察來判斷他的優劣；大家都喜愛的人，也要經由自己的觀察來判斷他的好壞。」

問題與討論

(1)我們對於他人通常會有什麼偏見？生活周遭有哪些因偏見而造成遺憾的事例？我們的偏見又是從哪裏來的？

(2)二〇一三年導演李安拍攝電影《少年PI的奇幻漂流》，該片獲頒最佳導演、最佳攝影、最佳視覺效果、最佳原創音樂等獎項，李安如何知人善任，組成工作團隊？說說看。

第十單元

人間關懷與政治理想

前言

人生在世，從事政治可以是我們的事業，但它卻不一定是我們的志業，除非我們在從事政治時，清楚地反省過我們的存心與理想。

孔子作爲一位君子，他做任何事情都是基於「仁的存心」，也就是一種對人間的關懷。人間關懷可以有許多實踐的途徑，如教育、慈善、醫療、宗教等等，而政治事業也是其中不可或缺的一環。本單元即從人間關懷的角度來探討孔子的政治理想。

本單元分爲三節。第一節「人間關懷的信念」，陳述孔子在令人失望的時代，如何堅持人間的關懷，以鄭重的態度改革政治。第二節討論「政治始於端正自己」，因爲權力通常伴隨著腐化，所以要實踐政治理想便不能被權力所蒙蔽，必須大公無私，由端正自己做起。第三節「實現人間關懷的政治理想」指出政治理想的檢驗標準，在於是否有益於人民，只有人民得到了安頓，人間關懷才眞正落實。

第一節　人間關懷的信念

選文與註釋

(1)長沮、桀溺①耦而耕②，孔子過之，使子路問津③焉。長沮曰：「夫執輿者④爲誰？」子路曰：「爲孔丘。」曰：「是魯孔丘與？」曰：「是也。」曰：「是知津矣。」問於桀溺，桀溺曰：「子爲誰？」曰：「爲仲由。」曰：「是魯孔丘之徒與？」對曰：「然。」曰：「滔滔⑤者，天下皆是也，而誰以易之⑥？且而⑦，與其從辟人之士⑧也，豈若從辟世之士⑨哉？」耰而不輟⑩。子路行以告，夫子憮然⑪曰：「鳥獸不可與同羣，吾非斯人之徒⑫與而誰與？天下有道，丘不與易也。」（〈微子〉六）

①**長沮、桀溺**：沮，音「居」。兩位隱者的名字。
②**耦而耕**：耦，通「偶」。一同耕作。

③**問津**：津，渡口。

④**執輿者**：駕車的人。

⑤**滔滔**：大水橫流的狀態，比喻世局紛亂。

⑥**誰以易之**：以，與。易，改變。能和誰一起來改變世局的紛亂？

⑦**而**：通「爾」，指子路。

⑧**辟人之士**：辟，避。不與亂臣賊子同處的人，指孔子。

⑨**辟世之士**：不與紛亂的世界同處的人。指長沮、桀溺這些隱者。

⑩**耰而不輟**：耰，音「悠」，耕種。輟，音「綽」，停止。繼續耕種。

⑪**憮然**：憮，音「武」。悵然失意。

⑫**斯人之徒**：指一般社會大衆。

【語譯】（隱者）長沮、桀溺一同耕作，孔子從旁經過，讓子路向他們問渡口的方向。長沮問子路：「那位駕車的人是誰？」子路說：「是孔丘。」（長沮）說：「是魯國的那位孔丘嗎？」（子路）說：「是的！」（長沮）說：「這人是知道渡口方向的人。」（子路）再問桀溺（渡口的方向），桀溺說：「你是誰？」（子路）說：

「我是仲由。」（桀溺）說：「你是魯國孔丘的弟子嗎？」（子路）回答說：「是的。」（桀溺）說：「世局紛亂的現象，全天下都是如此，而有誰能改變它？而且你與其跟著逃避亂臣賊子的人（孔子），那裏比得上跟著逃避紛亂世俗的人（隱士）好呢？」子路離去之後，把隱者的話轉告孔子。孔子非常失意的說：「我到底不能和鳥獸同群於林啊！我如果不和世人同群，又能與誰同群？如果天下真的井然有序，我孔丘就不會和你們這些弟子一起來改變它了。」

(2)子謂顏淵曰：「用之則行，舍之則藏①。唯我與爾有是夫！」子路曰：「子行三軍②，則誰與？」子曰：「暴虎馮河③，死而無悔者，吾不與也。必也，臨事而懼④，好謀而成者也。」（〈述而〉十）

①**舍之則藏**：舍，通「捨」，棄而不用。藏，退藏。國君若捨棄我不用，我便藏道在身以自處。
②**行三軍**：統率三軍作戰。
③**暴虎馮河**：暴虎，徒手與虎相搏。馮，音「平」，涉水渡河。
④**懼**：戒慎恐懼。

【語譯】孔子對顏淵說：「如果得到重用就行道兼善天下，如果不得重用就退藏獨善其身。這種胸懷只有我和你擁有啊！」子路向孔子說：「老師如果您率三軍作戰，要和誰同行呢？」孔子說：「我絕不會和徒手搏虎，涉水渡河的人同行。一定會和遇到事情能戒慎恐懼，妥善謀畫以成事的人同行啊！」

(3)齊人歸女樂①，季桓子②受之，三日不朝③，孔子行④。（〈微子〉四）

①**歸女樂**：歸，音「愧」，通「饋」，贈送。女樂，能歌善舞的女子。

②**季桓子**：魯國大夫季孫斯。

③**朝**：舉行討論政務的朝會。

④**行**：辭官離開。

【語譯】齊人饋贈能歌善舞的女子給魯國，而季桓子接受了，因此三日不早朝，孔子就離開了魯國。

文意解析

人間是有曲折的，尤其是在實踐人生理想時，我們更必須對這個曲折有所瞭解，並清楚掌握著我們立身的基本原則，以及這個原則在面對曲折時的智慧，這樣一來，我們的人生理想才眞有實現的可能。

在選文的第一則，我們通過了一段有趣的對話，看到了孔子清楚的人生理想，他想要拯救這個混濁的世間，但是這個世間卻未必想要他去拯救，可是有一個原則他是不會放棄的，那就是他對「人間的關懷」。

這個故事以子路和兩位隱士長沮、桀溺的對話展開。當時孔子正在周遊列國的旅途之中，而且顯然不太得意，子路找到了這兩位隱士，詢問渡口在哪裏？如果我們把渡口當成一個隱喻，這故事就眞有趣了。隱士們一聽是孔子來問路，就一副道不同不相為謀的姿態，根本懶得理他，還教訓子路說，天下滔滔，誰有辦法拯救呢？與其像你們這樣栖栖遑遑，躲著那些亂臣賊子，卻又無處可以實踐抱負，還不如我們隱居於此，悠遊自在，不是嗎？

的確，從現實來看，處身於禮壞樂崩的亂世，隱士們的態度是可以理解的，也是一般人比較會有同感的想法。但是孔子畢竟不同，他說我們人生於世，哪裏能夠只關心自己，不去管世上那些正在受苦的人們；哪裏能夠只隱居於山水之間，與鳥獸為伍呢？因為這正是孔子人間關懷的信念與原則啊！除非等到天下太平了，否則他的責任是不會結束的。

對於一位抱持這樣的理想與原則的人，你會覺得他傻嗎？還是會被他的精神所感動呢？

像孔子這樣，懷抱著人間關懷的人，他是不是該不計一切地尋找機會，來實踐自己的理想與抱負呢？在選文第二則，另一個有趣的對話展開了。

一般我們都會從一個角度看這段對話，那就是子路吃醋了。這段話中，孔子明顯更讚賞顏淵，認為在人生的進退出處之間，只有顏淵跟他是同道。這下子子路受不了了，便問孔子，假如打仗的時候，你會喜歡把誰帶在身邊？當然子路是想，我最勇猛了，哪個將軍打仗的時候不喜歡勇猛之人呢？但孔子卻給了一個有趣的回答，這回答其實是有深意的。

表面上孔子似乎是在說，打仗的時候不是只靠勇敢就夠了的，兵凶戰危，怎麼能夠不謀定而後動呢？但連結著上文來看，原來孔子的意思是，我們在思考如何實踐抱負的時候，也得看清楚時勢，不能只是一味地往前衝，然後撞得頭破血流，結果還是於事無補。我們必須判斷我真有機會實踐抱負時，才努力往前衝，如果時勢不允許，就藏道在身而不用，把自己做好。這不是明哲保身，但進退出處之間，還是要用智慧的啊！

於是在選文第三則，我們就看到了孔子進退出處的智慧。孔子人間關懷的精神當然沒有動搖，可是當他看到魯國的執政者季桓子如此高興地接受了齊國贈送的美女，而且爲了醇酒美人居然可以三天都不上朝時，他知道自己選擇的時間到了，因爲他清楚地瞭解到他沒有實踐理想的機會了。於是，孔子毅然地，也瀟灑地選擇了離開，從此展開了他周遊列國的旅程。

相關章句

(1)**子路宿於石門①。晨門②曰：「奚自③？」子路曰：「自孔氏。」曰：「是知其不可④而爲之者與？」**（〈憲問〉四一）

①**石門**：魯城外門。
②**晨門**：職司早晚啓閉城門的人。
③**奚自**：從何而來？
④**知其不可**：明知做不到。

【語譯】子路夜宿於魯城外門石門之外。第二天一早進城時，守城的晨門說：「請問你從何處來？」子路說：「從孔先生那裏來。」晨門說：「就是那一位明知道不可能還努力去做的人嗎？」

(2)**子曰：「邦有道，危言危行①；邦無道，危行言孫②。」**（〈憲問〉四）

①**危言危行**：危，正。端正的言行。

②**孫**：音「訓」，謙遜。

【語譯】孔子說：「在一個依循正道而行的邦國之中，我們也應該時時以端正的言行自處；而在一個不能依循正道而行的邦國之中，我們還是應該正道而行，可是與人說話時，最好還是要盡可能謙遜。」

(3)**子貢曰：「有美玉於斯，韞匵①而藏諸？求善賈②而沽③諸？」子曰：「沽之哉！沽之哉！我待賈者也。」**（〈子罕〉十二）

①**韞匵**：韞，音「運」，收藏。匵，音「獨」，櫃子。收藏於櫃子中。

②**善賈**：賈，通「價」。好價錢。

③**沽**：賣。

【語譯】子貢問孔子說：「這裏有一塊美玉，是要收藏在櫃子裏呢？還是拿出來賣個好價錢呢？（這是比喻像孔子這樣的君子，是該出來服務世人呢？還是隱居避世呢？）」孔子說：「拿出來賣了吧！我正等著一個好價錢呢！（意味著孔子願意出來實踐理想，但正等待著一個可以給他空間的機會）」

問題與討論

(1)當面臨天下紛亂的時候，長沮、桀溺與孔子各有不同的選擇。如果換成是你，你會做什麼樣的選擇？為什麼？

(2)魯國執政者因齊國贈送女樂而「三日不朝」，孔子便辭官而去。你對孔子這樣的選擇，有什麼樣的看法？

第二節　政治始於端正自己

選文與註釋

(1)子曰：「無爲而治①者，其舜也與？夫何爲哉？恭己正南面②而已矣。」（〈衛靈公〉四）

①**無為而治**：不事必躬親，政務也能處理得很好。

②**恭己正南面**：恭，恭敬。正，端正。南面，古代國君之位坐北朝南。在國君職位上，他端正自己的品德，忠於自己的職守。

【語譯】孔子說：「能夠以不事必躬親，最自在地領導好政務運作的，大概只有舜做得到吧！舜做了什麼，使他能達到這樣的境界呢？他就是端正自己的品德，忠於自己的職守（他便達到了「德治」的最高境界）。」

(2)子曰：「巍巍①乎！舜、禹之有天下也，而不與②焉。」（〈泰伯〉十八）

①**巍巍**：高大的樣子。

②**不與**：不爲自己設想，心情泰然。

【語譯】孔子說：「舜跟禹的聖德是如此的高大啊！他們治理著天下，卻絲毫不曾為自己著想。」

(3)子曰：「道千乘之國①，敬事②而信，節用而愛人，使民以時③。」（〈學而〉五）。

①**道千乘之國**：道，同「導」，領導。乘，音「勝」，兵車。能領導出兵車千乘的大國。

②**敬事**：謹慎專一於政治事務。

③**使民以時**：時，適當的時間。徵發百姓服勞役，選在農忙以外的時節。

【語譯】孔子說：「領導著擁有千輛兵車的大諸侯國，應該要能謹慎專一地處理國政，以誠信處事，節約國家的用度，愛護百姓，有事要徵派百姓服役時，也不要影響他們的耕作。」

(4) **定公問：「君使臣，臣事君，如之何①？」孔子對曰：「君使臣以禮，臣事君以忠。」（〈八佾〉十九）**

① **如之何**：怎麼樣？

【語譯】魯定公問孔子說：「國君命臣子做事，臣子為國君理事，該如何做呢？」孔子回答說：「國君應很有禮節地對待臣下，臣子則應以忠誠來為國君做事。」

文意解析

孔子的理想世界並不只是一種想像，而是要落實到人間生活。因此，構成日常生活中的重要活動——「政治」的參與，當然是他人間關懷的一部分。政治活動涉及權力的相關問題，容易因考量現實因素而妥協，所以理想性的樹立便是一件緊要的事。不管是古代或今日，既有群體就有政治。但孔子認爲，理想的政治離不開道德，因此，要從「端正自己」做起，其次，才涉及政治的操作。

第一則選文，孔子稱讚舜的理由，是「正己、無爲而治」，凸顯孔子認爲政治的行動必先由「正己」開始。只有以道德自持來待人接物，我們才不會淪爲權力遊戲的競逐者。第二則選文說明：理想的聖君典範如舜、禹，雖然擁有治理天下的權力，但卻不是握持權力作威作福。孔子的解釋是：因爲舜與禹認爲自己出任國君這個職位，是爲推行仁政，而不是占據大位以供自己與家人享樂。第三則選文從管理一個可以出具千輛兵車的大國來談，孔子主張領導者應當以愛民爲施政之重點，因此除了誠懇鄭重地處理政治事務而取信於民，不浪費資源，以及在不妨礙農忙時節下，才可徵調民力。第四則選文論及不同分位的角色在政治活動中應當完成的價值。君應當以禮待臣，臣也應當竭盡心力事君。

相關章句

(1)子曰：「爲政以德，譬如北辰①，居其所，而眾星共之②。」（〈爲政〉一）

①**北辰**：北極星。

②**共之**：共，音「拱」，通「拱」。圍繞著它而運轉。

【語譯】孔子說：「一位政治領袖應以他的德性來領導，他的地位就像北極星一般，始終固定在一個方位之上（引領著方向），周圍的眾星則圍繞著它運轉。」

(2)**子曰：「其身正，不令而行；其身不正，雖令不從。」（〈子路〉六）**

【語譯】孔子說：「一位領導者如自身端正，即使他不要求別人，別人也會自動跟隨，如果他自身不端正，雖然他強制要求，別人也不會依從。」

(3)**子曰：「大哉！堯之爲君也。巍巍乎，唯天爲大，唯堯則①之。蕩蕩②乎，民無能名③焉。巍巍乎，其有成功也；煥④乎，其有文章⑤。」（〈泰伯〉十九）**

①**則**：效法。
②**蕩蕩**：廣遠的樣子。
③**無能名**：名，言語稱說。無法用言辭稱道。
④**煥**：光明的樣子。
⑤**文章**：禮樂制度中蘊含的文化傳統。

【語譯】孔子說：「堯作為一位國君，真是偉大啊！他的聖德是如此巍峨，就像天一般之高大，只有堯的聖德可以比擬於天之大。他的聖德如此廣遠，以至於人們都無法用任何言語來稱道他。他的聖德如此巍峨，以至於能夠成就如此之功業，他所創造的禮樂文明也是如此煥發出文化的光采。」

問題與討論

(1)一個政治領導人如果只具有良好的修養當然是不夠的，但如果一位政治領導人德行有虧，你認為會造成什麼影響？

(2)孔子說「君使臣以禮，臣事君以忠」，但若國君對待臣民「不以禮」，那麼臣民應如何自處？而若是臣民對國君不忠，國君又該如何面對？

第三節　實現人間關懷的政治理想

選文與註釋

(1)子適①衛，冉有僕②。子曰：「庶③矣哉！」冉有曰：「既庶矣，又何加焉？」曰：「富之。」曰：「既富矣，又何加焉？」曰：「教之。」（〈子路〉九）

①**適**：往、至。

②**僕**：駕車。

③**庶**：眾多；指衛國當時人口眾多。

【語譯】孔子在往衛國的路上，冉有為他駕車。孔子（看著衛國景象）說：「衛國的人口真多啊！」冉有馬上接著問：「如果衛國人口已如此多，那麼底下該如何進一步發展呢？」孔子說：「該讓人民富有起來。」冉有又問：「富有以後又該如何做呢？」孔子說：「那就應該要好好教育他們了。」

(2)子曰：「道之以政①，齊之以刑②，民免而無恥③。道之以德，齊之以禮，有恥且格④。」（〈爲政〉三）

①**道之以政**：之，指下文提及的「民」。以政令引導民眾。

②**齊之以刑**：使用刑罰來齊一民眾的行爲。

③**民免而無恥**：免，避免刑罰。民眾但求避免刑罰，而沒有羞恥心。

④**有恥且格**：格，端正。民眾既有羞恥心，又能端正自己的行爲。

【語譯】孔子說：「如果只會用政令來引導人民，以刑罰來齊一人民的行為，那麼人民會只求避免政令的威迫與刑罰的處罰，而沒有羞恥心。如果用德行來引導人民，以儀禮規範來齊一人民的行為，那麼人民會既有羞恥心，也會自動端正自己的行為。」

(3)子曰：「聽訟①，吾猶人也；必也，使無訟乎！」（〈顏淵〉十三）

①**聽訟**：仲裁兩造爭端，後代泛指審理案件。

【語譯】孔子說：「如果讓我來擔任審理案件的法官，我的能力大概跟別人差不多吧！（但我該追求的不是如此）我最該做的，就是使人們完全不需要興訟。」

(4)子路問君子。子曰：「脩己以敬。」曰：「如斯而已乎？」曰：「脩己以安人①。」曰：「如斯而已乎？」曰：「脩己以安百姓②。脩己以安百姓，堯舜其猶病諸！」（〈憲問〉四五）

①**安人**：使周遭的人都能各得其所。

②**安百姓**：使天下百姓都能安居樂業。

【語譯】子路問如何做才符合君子之道？孔子說：「要用恭敬的態度去修養自己。」子路說：「如此而已嗎？」孔子說：「要先修養自己，接著使周遭的人各得其所。」子路說：「如此而已嗎？」孔子說：「先修養自己，再使天下百姓都能安居樂業。只是修己以安百姓的境界，恐怕連堯舜都還擔心自己做不到呢！」

文意解析

孔子周遊列國，就是為了實踐政治理想。雖然時不我與，孔子未能有實踐其理想的政治舞台，但孔子在教導弟子的過程中，是有一幅政治理想的藍圖。

第一則選文，指出人口眾多（庶）、民生富裕（富）、人民有教養（教），是政治人物施政的三項要務。這三者有先後漸進的順序，先讓民眾安居樂業，快樂過生活，這是基本的政治要求。在此條件下，如何透過施政，讓人民有教養、有文化，才能算是優質的政治。由此可見，孔子指出施政當從「先富後教」做起，而非空談德治教化。

第二、三則選文，顯示「守法」還不是政治的最高境界，如何讓人民自尊自重，才是孔子心目中的「政治理想」。以政令和刑罰領導人民，這是不夠的，因民眾若害怕受處罰，才消極而被動地遵守法令，並沒有發自內在的羞恥心。爲政者當該以道德人格來感化人民，以禮教薰陶來整飭人民，才能使民眾自知罪惡之可恥，而願意端正自己的行爲。換句話說，使人民守法只是施政的基本要求，而使人民有道德、有教養則是施政的更高訴求。也可以說，在施政上，「法律」與「道德」的著重點不同。如果將「有恥且格」的主張用到訴訟上，就可以看出德治教化的重要。孔子雖知社會生活免不了興訟，而他對自己審理案件的智慧與能力也頗有自信。但是，案件即使判得好，也無法從根本上平息民眾之間的紛爭。孔子所謂「無訟」並非禁止民眾打官司，而是希望從源頭做起，讓人民自尊自重，預先化解彼此的爭端，不必等事態嚴重時，才以興訟的方式解決爭端，這已經是不得已的做法。

第四則選文，藉由子路的提問，孔子指出政治人物嚮往的政治理想。孔子認爲，爲政者應先以恭敬之心自持，隨事隨時，修養自己，進而使其左右官員能安心辦事。最後，則使全國百姓都能安居樂業。然而要使全國百姓都能安居樂業，並不容易，即使堯、舜在位，也未必做得到。換句話說，以「修己以敬」爲始，達到「安人」、「安百姓」的境地，是孔子所勾勒的政治理想，這也與孔子「老者安之，朋友信之，少者懷之」的志向相通。從這個角度來看，我們可以說，孔子的政治理想始於人間關懷，也落實並完成於人間關懷。

相關章句

(1)子曰：「民之於仁也，甚於水火①。水火，吾見蹈而死②者矣，未見蹈仁③而死者也。」（〈衛靈公〉三五）

①**甚於水火**：比水火更急於需要。
②**蹈而死**：使用不慎而致死亡。
③**蹈仁**：行仁，實踐仁德。

【語譯】孔子說：「人民對仁政的需要，更甚於需要水與火。人們固然需要水火，但一旦用之不慎，我看過因水災、火災而死的人們，但我從沒看過因著仁政而死的人。」

(2)**葉公①語孔子曰：「吾黨②有直躬者③，其父攘④羊，而子證之。」孔子曰：「吾黨之直者異於是。父為子隱，子為父隱，直在其中⑤矣。」（〈子路〉十八）**

①**葉公**：葉，音「射」，地名，屬楚國。葉公為葉地首長，名沈諸梁。

②**黨**：古代地方組織的名稱。

③**直躬者**：行事正直的人。

④**攘**：竊取。

⑤**直在其中**：父母與子女之間的親愛，出於天性自然，自然而然保護親人的想法，才是人性本然的「直」。

【語譯】葉公跟孔子說：「我們鄉里出了非常正直的人，他父親偷了一隻羊，他兒子毫不隱瞞，舉發了這位父親。」孔子說：「我們鄉里對所謂正直的看法，跟你們的看法不太一樣。兒子有過錯，父親為他稍做隱諱；父親有過錯，兒子為他稍做隱諱，（這樣固然出自父子的天性），這其中自有一種來自天性自然的正直。」

問題與討論

(1) 如果一個國家人口衆多，而且每個人都很有錢，這個國家是否真的就是幸福所在？怎樣的國家會讓你想要留下來？

(2)「其父攘羊，而子證之」，葉公認為法庭上有兒子指證父親偷羊，正可以表現人的正直無私，很有正義感。在當今法治社會裏，子女是否有權利拒絕作證？我們是否應同意葉公的看法？

第十一單元

歷史與文化

前言

大多數的文化都牢牢依托在社會生活的實體上。一個邁向解體的世界，其文化傳統也往往隨之煙消雲散，夏、商兩代莫不如此。如今周代也沒落了，制度、道德無從維繫，政治互信蕩然，眼看著一步步走向唯力是尙，且唯利是圖的世界，它的文化將遭遇何種命運呢？

孔子一生正處於發生根本變革的時代，他本是殷人的後裔，卻以闡述周代的禮樂傳統爲職志。面對諸侯僭越、禮崩樂壞的脫序社會，孔子推崇周代的禮儀制度，但他同時也上溯夏、商，追慕堯、舜，闡揚古代歷史文化的精髓。這些都成爲孔子教育弟子的知識內涵。他所開創的儒家是先秦學派中最重視保存歷史文化的學術群體，他們致力於歷史文獻的寫作、傳承，以及對文化內涵的詮釋，帶給後代中華文化永不磨滅的影響。孔子對歷史的思考，曾令偉大的史家司馬遷深深著迷，而且引爲準則。究竟其魅力何在？這個單元希望能呈現一二。第一節「文化傳統」，介紹孔子對悠遠文化的態度、對歷史變動的思考；第二節「詩、禮、樂」，本是歷史文化的載體，孔門對其內容有獨特的體會，賦予了深刻的意義。

最後，第三節「人物風範」，介紹了孔子對人物典型的欣賞品評。因為歷史活生生的呈現，就在人物身上。

第一節　文化傳統

選文與註釋

(1)子曰：「我非生而知之者①，好古，敏②以求之者也。」（〈述而〉十九）

①**生而知之者**：純粹的天才，不需學習便明瞭一切道理的人。

②**敏**：勤奮。

【語譯】孔子說：「我並不是一個生來就知道一切道理的人，只是愛好古代文明教化，並且勤敏的去探索、學習而已。」

(2)子曰：「周監①於二代②，郁郁乎③文④哉！吾從周。」（〈八佾〉十四）

①**監**：視，含有觀察、比較之義。

②**二代**：指夏、商。

③**郁郁乎**：郁郁，形容豐富美盛、輝煌燦爛。乎，語助詞，此表讚歎語氣。

④**文**：泛指周朝禮樂制度中所蘊含的文化傳統。

【語譯】孔子說：「周代的禮樂教化因為植基於觀察比較夏、商二代的基礎上而生，因此展現了豐富而輝煌的禮樂制度和文化傳承，我依從（推崇效法）周代的文化。」

(3)子曰：「夏禮，吾能言之，杞①不足徵②也；殷禮，吾能言之，宋③不足徵也。文獻④不足故也。足，則吾能徵之矣。」（〈八佾〉九）

①**杞**：音「起」，國名，夏的後裔所建，在泰山丘陵東麓一帶。

②**徵**：證明，驗證。

③**宋**：國名，商的後裔所建，在今河南省商邱市。

④**文獻**：文，制度典章，包括典籍。獻，通「賢」，賢人。文獻包括制度、典籍和賢者

的知識。

【語譯】孔子說：「我能敘述夏代的禮樂制度，可惜無法透過夏的後裔杞國來驗證；我也能傳述商代的禮樂教化，可惜也無法透過商的後裔宋國得到證明。這是因為典籍制度和遺老不足的原因，如果史料充裕，我就能驗證我所瞭解的夏商文化了。」

(4)**子張問：「十世①可知也②？」子曰：「殷因③於夏禮，所損益可知也；周因於殷禮，所損益可知也。其或繼周者④，雖百世可知也。」**（〈爲政〉二三）

①**世**：朝代，如夏、商、周各爲一世。

②**也**：通「耶」，表疑問語氣。

③**因**：因襲、憑藉。

④**其或繼周者**：若有接續周朝的新朝代。

【語譯】子張問孔子說：「十世之後的演變可以預先推知嗎？」孔子說：「殷朝的一切典章制度因襲夏朝，雖然有所更改，但是我們可以看得出它的軌跡；周朝則是因襲商朝的制度，我們同樣可以看出更改的軌跡。因此後世繼承周朝而興的朝代，即使百代之後，其制度的興革也是可以推得的。」

(5)衛**公孫朝**①問於子貢曰：「仲尼**焉學**②？」子貢曰：「**文武之道**③，**未墜於地**④，**在人**⑤：賢者**識**⑥其大者，不賢者識其小者，莫不有文武之道焉。夫子焉不學？而亦何常師之有？」（〈子張〉二二）

①**公孫朝**：衛國大夫，公孫是國君後裔的通稱，名朝。
②**焉學**：向誰學習。
③**文武之道**：由周文王和武王所開創的周朝文化傳統。
④**未墜於地**：比喻尚未完全崩毀。
⑤**在人**：還存在人們心中。
⑥**識**：音「志」，通「誌」，記憶，兼有認識之義。

【語譯】衛國的公孫朝向子貢請教說：「仲尼（孔子）這些學問是從哪裏學來的呢？」子貢說：「文王武王所開創的文化傳統，尚未墜落在地上，還在人們心中鮮活地存在著。賢德的人記述了它的重要意涵，一般人則也記述了較微小細瑣的內涵。不管怎樣，文武之道或多或少都有所保留。孔夫子在哪裏不能學習到東西呢？又哪裏只有固定的老師呢？」

文意解析

孔子說自己絕非無可仿效的天才，只是個愛好古代文化的勤奮學習者而已。

孔子身爲殷人之後，卻很推崇周朝文化，因爲周人考察吸收了夏、商兩代的傳統，締造了燦爛完備的制度典章。他說「從周」，應該是想效法周人「監於二代」的精神，對過往的文化批判、抉擇、取精用弘，並非一味的沿襲成軌。

孔子勤學而不輕信，盼望能驗證自己對古代文化的認識。但是當時夏、商的後裔杞、宋等國，早已喪失了固有的傳統，縱有領悟也無從印證，讓他深感惋惜。

子張懷疑：有沒有前瞻遙遠未來的可能？孔子卻給了反向的答案：要掌握未來，唯有探索過去。各時代的文化無不有因有革，有變有不變。從夏、商到周，歷經千年以上的歷史，其間的變化不爲不多，但仍有萬變不離其宗的道理。孔子相信，同時掌握久遠歷史的永恆與流變，才能獲得對未來堅定的信念。

衛國大夫公孫朝探問孔子的師承，子貢回答：「周朝傳統雖然衰微，但還保留在許多人的記憶中，並未消散。孔子無所不學，但哪裏有特定的老師呢？」子貢的讚譽，其實與孔子質樸的說出「好古敏求」、「述而不作」，本質完全一樣；傳統多多少少存留在每個人的身上，然而又有誰肯像孔子般，時時用心、積沙成塔的學習呢？子貢指出蘊藏在孔子謙遜態度背後恢弘卓絕的精神。

相關章句

(1)**子曰：「述而不作①，信而好古，竊②比於我老彭③。」**（〈述而〉一）

①**述而不作**：述，遵循；作，自己主張。孔子整理詩書禮樂，闡述前人的智慧和歷史文化的深意，而並不自立主張。

②**竊**：本指大膽僭越的作爲，在此用作表示謙遜的副詞。

③**老彭**：人名，生平事蹟不詳，一說爲商代的賢者。前加「我」字，表示對老彭特別親近仰慕之意。

【語譯】孔子說：「我是一個傳述舊聞而不自創新說的人，私下我想把自己比擬成商代的賢者老彭。」

(2)子曰：「**人能弘道**①，**非道弘人**②。」（〈衛靈公〉二八）

①**人能弘道**：弘，弘大、發揚。道理要由人來認知、運用和發揚。

②**非道弘人**：道理並不能主動地弘揚人。

【語譯】孔子說：「道理要由人來認知、運用和發揚，並不能主動的弘揚人。」

(3)子曰：「賜也，女①以予為多學而識②之者與？」對曰：「然，非與？」曰：「非也，予一以貫之③。」（〈衛靈公〉二）

①**女**：即「汝」。

②**識**：即「誌」，音「至」。博聞強記。

③一**以貫之**：即「以一貫之」。用一個基本的道理來貫通所有的事理。

【語譯】孔子說：「子貢啊！你認為我是一個博聞而強記的學者嗎？」子貢回答：「是啊！難道不是嗎？」孔子回答：「不是啊！我是以一個原理原則，去貫通所有事理的。」

問題與討論

(1)你是否從師長或祖父母、父母的言談中，感受到社會風氣的變遷？（例如，一種體育的風氣、流行文化的變動、節慶的形式、生活的習慣、說話的方式、價值觀……）請舉例說明並思考為何會發生如此的變遷？

(2)對現在的社會風氣，有讚美也有批評。請以某一種你所欣賞或不以為然的風氣進行分析，談談它是怎麼形成的，並揣測未來可能的發展趨勢。也請想想，如何讓社會風氣產生好的變化？

(3)你曾否因為參與儀式、參訪古蹟或者旅遊的經驗，而對歷史、文化的內涵或特質得到特殊認識？請分享你的經驗。

第二節　詩、禮、樂

選文與註釋

(1)子曰：「〈關雎〉①，樂而不淫②，哀而不傷③。」（〈八佾〉二十）

①**關雎**：雎，音「居」。〈關雎〉是《詩經》〈國風‧周南〉的第一篇，形容一位君子追求淑女，費盡心思，以禮相待，最後成婚的歷程。

②**樂而不淫**：淫，濫，逾越節制。快樂時還能知道節制。

③**哀而不傷**：哀愁時能不過度憂傷。

【語譯】孔子說：「《詩經》的首篇〈關雎〉，這首詩適切的藉由音樂表露情感，歡樂而不過於流蕩，表達了悲傷卻不過度哀愁。」

(2)「唐棣之華①，偏其反而②。豈不爾思③？室④是遠而。」子曰：「未之思也，夫何遠

之有？」（〈子罕〉三十）

①**唐棣之華**：棣，音「地」。華即花。唐棣是一種灌木，花瓣白色而成絲狀，開時繁密豔麗且香氣濃郁。以下四句是未收在《詩經》裏的逸詩，篇名不詳。

②**偏其反而**：偏，通「翩」，偏其，翩然。反，音「番」，通「翻」。而，語氣詞，下同。形容花朵翻飛狀。

③**豈不爾思**：爾，通「你」。哪能不想你？

④**室**：通「實」。

【語譯】孔子（引用了一句沒有留傳下來的《詩經》的話）說：「唐棣樹上的花，翩翩飛舞。我哪能不思念你呢？只是我住的地方離你太遠了。」孔子（接著評論）說：「這是因為沒有（真正的）思念吧？如果真的思念，怎麼還會嫌距離遙遠呢？」

(3)**子曰：《詩》三百①，一言以蔽②之，曰『思無邪③』。」（〈為政〉二）**

①**詩三百**：《詩經》約有三百篇，先秦時通稱「詩三百」。

②**蔽**：概括。

③**思無邪**：思想純正。本為《詩經》〈魯頌・駉〉（音「扃」，窘的陰平聲）的詩句。

【語譯】孔子說：《詩經》三百篇，用一句話來涵括其旨，就是：『思想純正無邪。』」

(4)**林放①問禮之本②。子曰：「大哉問！禮，與其奢也，寧儉③；喪，與其易也，寧戚④。」**（〈八佾〉四）

①**林放**：人名，是魯國博聞知禮的學者。

②**禮之本**：禮的核心意義所在。

③**禮，與其奢也，寧儉**：行禮時，與其奢華鋪張，寧可偏於儉約。

④**喪，與其易也，寧戚**：易，治理。喪禮與其辦理得儀式周全，寧可哀慟有餘。

【語譯】林放問孔子禮的核心精神為何？孔子說：「這是個重大的問題啊！（行禮的重點是讓對方感受到誠意，真實把握禮的本質）。例如在交際往來時，與其饋贈珍貴的禮品，不如儉樸而有誠意；舉行喪禮時，與其把重點放在隆重的治喪儀式，不如讓親友盡心表達對死者的哀戚之心，更能接近喪禮的本質。」

(5)子謂〈韶〉①：「盡美矣，又盡善也。」謂〈武〉②：「盡美矣，未盡善也。」
（〈八佾〉二五）

①**韶**：韶，音「ㄕㄠˊ」，樂名，相傳是舜時的音樂。

②**武**：樂名，描繪周武王伐紂過程的樂舞，其情節繁複，場面宏大，也稱〈大武〉。

【語譯】孔子評論舜所作的〈韶〉樂風格說：「〈韶〉樂兼具美與善雙重標準，〈武〉樂只達到美，卻沒到善的境界。」

文意解析

〈關雎〉是古代婚禮和公共儀式中經常演奏的樂曲。樂風洋溢和諧悠遠的情思，以質樸莊重的詩句吐露近乎完美的愛情。對這首詩，孔子特別欣賞的是，在眞愛的得與失、哀與樂之間，還有可貴的自制，如此才能眞實地呵護所愛，也珍惜和完善自己。

〈唐棣之華〉的詩章說：「芳香明豔的唐棣花兒，翩然飛舞著呢！我那能不想念你？都因爲太遙遠了呢！」孔子大不以爲然，他說：「分明就是不想念。若是想念，哪會遙遠？」眞是一針見血的評論。其實以修辭來說，用豔麗招搖的花朵來隱喻身邊的誘惑，用距離的遙遠來掩飾自己的薄情，意象鮮明，情景交融，手法堪稱巧妙。但是，「巧言令色，鮮矣仁」，這樣的作品乍看雖似可喜，一旦咀嚼出詩中的情感，反而令人感到輕薄可憎。失去了眞誠，美也無所附麗。這是孔子鑑別文學作品的精采範例。

孔子論詩，重視詩中的眞性情。「詩三百」是由數百年間各地人士所作的詩篇，歷經考驗而膾炙人口。試問，好詩的共通特點是什麼？孔子借用了〈駉〉詩一句「思無邪」來描寫，比喻詩裏蘊含著眞誠而有節制的情思。那些詩篇各有不同的時空環境、風俗民情和人物故事，然而，不論是和樂怡悅或悲哀傷心，是激於公義或出於私情，乃至調侃戲謔或小情小愛，只要本於眞誠而含有溫情，都値得細細品味。體會詩中情意，與不同的人產生共鳴，可以開啓對人文歷史的豐富視野和深厚素養。

讀詩要懂得品味，習禮也一樣。學者林放向孔子請教：禮的核心精神是什麼？孔子沒正面回答，而是提了兩個例子讓問者體會。典禮儀式、交際往來，總要藉由難得的宴饗、珍貴的禮品、特殊的節目來表示心意。有時限於條件，無法安排得恰如其分，那麼，超過尺度、多過眞實情感的奢華，或者偏於儉樸、顯得平常無奇的方式，哪種做法眞能令人感受到誠意？治喪的時候，是把重點放在喪禮處理得井井有條，還是讓家人親友充分表達對死者的哀悼，何者最接近喪禮的本意？孔子有他的看法，人人也都可以問問自己的感受。若懂得了這一點，不就能在風俗變遷、時代差異中，把握住禮的本質嗎？

〈武〉樂表現武王伐紂的故事，是周代最隆重盛大的精采音樂舞劇，孔子也說它極盡感官之美。可是，比起〈韶〉樂純樸謙遜、禪讓治天下的精神，總還有份缺憾。同是極美的作品，有些含有更崇高的精神，若不學習品味，怎能辨識那存在於遙遠過去的理想精神？怎能讓豐厚的人文傳統成為心靈的資產？

詩是一種真情的言語，禮是含有誠意的作為，而樂既可以作為詩和禮的搭配，也可以超離言語和儀式而做獨立的演出。因此在古代文化裏，要想傳達人心的深刻意境，最豐富、最靈活的媒介就是樂。孔子說：「興於詩，立於禮，成於樂。」它們是孔子教學的重要內容，不僅因為有用，更是足以啓發心靈、探索人文的學問之道。

相關章句

(1)子所雅言①：《詩》、《書》、執禮②，皆雅言也。（〈述而〉十七）

①**子所雅言**：雅言，周王室使用的語言，也是在詩書禮樂中應用的標準語。

②**執禮**：行禮。

【語譯】孔子在正式場合講話用的都是正音（周代的官方語言）：誦讀《詩》、《書》和〔擔任司儀〕執行各項禮儀時，用的都是官方語言表達的。

(2)子曰：「小子①！何莫②學夫《詩》？《詩》，可以興，可以觀，可以羣，可以怨③。邇之事父，遠之事君④。多識於鳥獸草木之名⑤。」（〈陽貨〉九）

①**小子**：對年幼者的稱呼，指學生。

②**何莫**：爲什麼不？

③**興觀羣怨**：興，因人事物而引起情意感動；觀，觀察理解；羣，與許多人有共鳴；怨，抒發和表達心中的抑鬱不平。孔子指出學詩可以得到共鳴，理解人的心理，也學會抒發和溝通。

④**邇之事父，遠之事君**：邇，音「耳」，近。近則可以學習如何侍奉父母，遠則可以學習怎樣侍奉國君。

⑤**多識於鳥獸草木之名**：詩中多利用自然事物作爲比喻、象徵，學詩可以附帶學習相關知識。

【語譯】孔子說：「學生們啊！為什麼不去學《詩》呢？《詩》三百（的內容），可以興發我們的情志，可以使我們觀察省思，可以讓我們和人們共鳴合群，也可以抒解心中的抑鬱。近則可以用它來學習侍奉父母，遠則可以學習侍奉國君之道，更能多多認識鳥獸草木等自然事物的名稱。」

(3)陳亢問於伯魚曰：「子亦有異聞乎？」對曰：「未也。嘗獨立，鯉趨而過庭①。曰：『學《詩》乎？』對曰：『未也。』『不學《詩》，無以言。』鯉退而學《詩》。他日又獨立，鯉趨而過庭。曰：『學禮乎？』對曰：『未也。』『不學禮，無以立。』鯉退而學禮。聞斯二者。」陳亢退而喜曰：「問一得三：聞詩，聞禮，又聞君子之遠其子也。」（〈季氏〉十三）

①**趨而過庭**：趨，小步快走，是古人在尊長前的走路姿態，以表敬意。庭，堂前的庭院。快步走過堂前的庭院。

【語譯】孔門弟子陳亢問孔子之子伯魚說：「請問您平日在家，孔子是否對您有不同於弟子的教導？」孔鯉回答：「並沒有。（父親有一次）曾經在家中的中庭獨自站立，我小步快走的經過。父親問我：『學《詩》了嗎？』我回答：『還沒有學《詩》。』父親告訴我：『不學《詩》，就不知道如何應對進退。』因此我退堂之後就趕快去學《詩》。另一天他又獨立站在中庭，我小步快走的經過，父親又問我：『學習禮了嗎？』我回答：『還沒有學禮。』父親告訴我：『不學禮，就無法在社會上立足。』因此我退堂之後趕快去學禮。我只單獨聽過這兩項教導。」陳亢告辭之後高興的說：「我只向伯魚問了一件事，卻得到了三個啓示：聽到要學詩，要學禮，又聽到一位君子對他孩子的教導是不偏厚的。」

(4)**有子①曰：「禮之用，和爲貴，先王之道斯爲美，小大由之②。有所不行③，知和而和④，不以禮節之⑤，亦不可行也。」（〈學而〉十二）**

①**有子**：名若，孔子弟子。
②**小大由之**：事無小大，都依禮而行。
③**有所不行**：有行不通的時候。
④**知和而和**：知道和諧可貴，就一意求和諧。
⑤**不以禮節之**：節，節制。不遵循禮來節制人事。

【語譯】有子說：「禮節的功用，以和諧為最可貴。先王治國之道，也以建立有禮的社會這件事最為美善，事無大小，都依禮行事。但是若有行不通的時候，如果一味的為了和諧而和諧，卻不遵循禮來節制人事，也不能行得通了。」

問題與討論

(1)回想最令你感動的詩、或者歌詞，說說看打動你的是什麼？它們有沒有共通的特質？

(2)在你的記憶裏，最令你印象深刻的儀式或者節慶，是怎樣的經驗？那些令你深感乏味的儀式或節慶，究竟缺少了什麼？

第三節　人物風範

選文與註釋

(1)子曰：「如有周公之才①之美，使驕且吝②，其餘不足觀也已。」（〈泰伯〉十一）

①**才**：天資。

②**使驕且吝**：若是既驕傲，又心胸狹窄。

【語譯】孔子說：「假如一個人具有周公一般的天分與才華，卻驕矜而吝於分享，那麼其他的才德就不值一提了。」

(2)子曰：「泰伯①，其可謂至德②也已矣！三以天下讓③，民無得而稱焉④。」（〈泰伯〉一）

①**泰伯**：周文王的祖父太王的長子，文王父親季歷的長兄。

②**至德**：最高的德行。

③**三以天下讓**：三，多次之意。泰伯多次讓出王位。史稱太王有取商而代之的雄圖，看好幼子季歷賢明，適合接續基業。忠厚謙讓的泰伯不想讓父親為難，帶著二弟仲雍在外開拓，建立吳國。太王死後，泰伯、仲雍竟不奔喪，讓季歷順利即位。後來季歷傳位給文王、武王，完成大業。泰伯始終退讓，且不求人知。

④**民無得而稱焉**：泰伯、仲雍在外不回，讓季歷自然繼承父位，人們無從得知泰伯的謙讓之德。

【語譯】孔子說：「文王之父季歷的長兄泰伯，大概可以稱得上是德行最高的人了，（因為父親看好幼子季歷）他多次把天下的權位讓給弟弟季歷，（但是在外不回國繼承君位）此事他從不說與人知，所以人們無從得知泰伯的謙讓之德而稱讚他啊！」

(3)子曰：「晏平仲①善與人交，久而敬之②。」（〈公冶長〉十七）

①**晏平仲**：晏嬰，字平仲，春秋晚期齊國賢大夫。

②**久而敬之**：不因爲交往日久，忽略對朋友的尊敬。

【語譯】孔子說：「齊國大夫晏嬰善於和人交往，他待人從不因交往日久，就忽略對朋友的尊重。」

(4)**子曰：「甯武子①邦有道則知②，邦無道則愚③。其知可及也，其愚不可及也。」**（〈公冶長〉二一）

①**甯武子**：甯，音「佞」，名俞，諡武子，春秋中期衛國賢大夫。

②**邦有道則知**：知，通「智」，下同。當國家有道之時，甯武子大展長才，顯得足智多謀。

③**邦無道則愚**：當國家無道之時，甯武子顯得笨拙而無所表現。

【語譯】孔子說：「衛國大夫甯武子在國家有道之時，則大展長才，顯得足智多謀。而國家無道之時，甯武子則笨拙無所表現，顯得愚昧執著。他在治世的才智是其他人可以企及的，但他在亂世的堅持與操守，卻是多數人無法企及的。」

文意解析

周公是「多才多藝」的代表人物。但孔子指出，即使擁有周公的天分和才華，只要個性驕傲、心胸褊狹，就別期待他能有讓人驚艷的內涵了。換言之，周公之所以偉大，最大關鍵在人格，才能還是次要的。謙遜的人會修正自己，恢弘的人能成就遠大，這是能夠終身學習不可或缺的要件。兩者繫乎人格，不是才能所能取代的。周公曾經掌握天下政局，卻一直虛懷若谷；他平定東方、建立雒邑、奠定禮樂制度的基礎之後，又把權力交還成王，成爲超脫權位、貫徹理想的千古典範。

泰伯讓國是周人歷史的另一則傳奇。身爲太王的長子，泰伯本是父親的當然繼承人，爲了周人千秋萬世的基業，帶著弟弟仲雍遠走他鄉。兩兄弟在遠方建立吳國，始終不肯回家，也不多做解釋，爲的是讓弟弟季歷在毫無爭議的情況下順理成章的繼承父業。這種甘心退讓、發自眞誠的德行，本就不求人知，甚至也眞的舉世不知，而孔子對此特別欣賞。眞正的德行，也端賴有心人的慧眼，指引後人欣賞和理解。

齊國大夫晏嬰生活儉樸，卻樂於資助親友賓客，識拔人才，風範聞名天下。一般人稱道晏嬰交遊廣闊，孔子卻指出他怎麼保持恆久的友誼：晏嬰對待交往已久的老友始終恭敬，從不因熟悉而輕慢。

本節前三則，是孔子對人物的分析品評，最後一則更添加了孔子對風氣的微觀思考。甯武子在國家有道時，能盡忠職守，爲國謀劃；但在國家昏亂時，顯得笨拙。這種笨拙其實是堅守原則，既不聰明地順應世俗、隨波逐流，又能暗地發揮濟危扶傾的作用，而世俗之人反倒以爲他變笨了。甯武子所表現的足智多謀，別人還可能做到；但看似笨拙的作爲，卻沒人做得到。這是對甯武子堅守原則的高度讚許，也是對世俗價值觀的諷刺。

相關章句

(1)子貢曰：「貧而無諂，富而無驕，何如？」子曰：「可也。未若貧而樂，富而好禮者也。」子貢曰：「〈詩〉云：『如切如磋，如琢如磨。』其斯之謂與？」子曰：「賜也，始可與言〈詩〉已矣！告諸往而知來者。」（〈學而〉十五）

【語譯】子貢問孔子說：「如果一個人能在貧困時不諂媚富人，富有時也不心懷驕傲，如何呢？」孔子說：「還可以。但不如一個人雖然貧困卻樂於行道，富有卻能精進禮義啊！」子貢說：「《詩經》有言：『（文雅君子進德修業的態度）就如經過了治骨角的先切再磋，又有如治玉石的先琢再磨光。』是否就是指這種精益求精的態度呢？」孔子稱讚子貢說：「賜啊！我終於可以開始和你談《詩》了，因為你已經能夠舉一反三，鑒往知來的推測文意和事理了。」

(2)**子曰：「禹，吾無間然①矣。菲飲食，而致孝乎鬼神②；惡衣服，而致美乎黻冕③；卑宮室，而盡力乎溝洫④。禹，吾無間然矣。」**（〈泰伯〉二一）

①**間然**：間，音「見」，隙縫。指可批評、挑剔的事情。

②**菲飲食，而致孝乎鬼神**：菲，音「誹」，菲薄。致，力求。孝，孝饗、孝敬。鬼神指祭祀對象。不講究自己的飲食，但在祭祀時，卻力求孝敬。

③**黻冕**：黻，音「服」，指蔽膝，是古代整套禮服最外層的部分。冕，禮帽。黻冕，指禮服。

④**溝洫**：洫，音「旭」，小溝。田間水道。

【語譯】孔子說：「我對於夏代開國之君大禹的行事，真是毫無可批評之處。他畢生不講究自己的飲食，但在祭祀時卻力求恭敬；平日穿著簡樸，卻致力於典禮中禮服的莊重華美；他家居的住宅很小，卻盡力處理田間水道的疏導。禹這位君王，真的使我毫無挑剔之處啊！」

(3)**子曰：「伯夷、叔齊，不念舊惡①，怨是用希②。」（〈公冶長〉二三）**

①**不念舊惡**：惡，音「餓」。不記著他人的壞處，總能以寬厚的態度面對。

②**怨是用希**：是用，因此。希，通「稀」。因此伯夷、叔齊心中少有怨恨。

【語譯】孔子說：「商末孤竹國的伯夷與叔齊，一生不記著他人的缺失，寬厚以對，因此心中少有怨恨（也不會招致他人的怨恨）。」

(4)**子曰：「不患人之不己知，患不知人也。」（〈學而〉十六）**

【語譯】孔子說：「我不擔心別人不瞭解我，卻擔心我不瞭解別人。」

問題與討論

(1)從小到大，曾有哪些人成為你最重要的人生典範？他們分別對你產生怎樣的影響？

(2)許多領袖人物不擇手段的爭奪權力、鞏固地位；有些人終究失敗，有些人得到成就，甚至還締造了造福人群的績業。而另有一些人，則寧可守護道德底線而失敗，也絕不肯不擇手段而獲得成功。對這些事例，該怎麼評斷呢？請選一位令你印象深刻的領袖人物，說說看，若是你處於類似的情境，會做怎樣的選擇？

第十二單元

生命的尊嚴與傳承

前言

孔子的一生，並非一帆風順，有意氣風發之時，也有顛沛困頓之境。而孔子始終以眞誠的生命，與其學生相遇、相知、相惜，共同追尋理想世界的實現，處處呈現活活潑潑的生命智慧。對孔門師生而言，生命是藉由實踐仁道以回應上天所賦予的使命，所以對生命的有限與死別的遺憾，也能安然面對。

本單元分爲三節，第一節以「疾病」及生命中的困境爲起點，孔門師生以正面、積極的態度闡述生命的意義與價値，其中流露的師生情誼，也令人感動。第二節直接以顏淵之死爲主軸，觸及死亡問題。由孔子的悲痛，體會師生深切的生命聯繫，這聯繫既包含亦師（生）亦父（子）的情感哀傷，也包含「學絕道喪」的傷痛。孔門師生透過悲傷的流露，與死者重新連結，古代「喪禮」的意義與內涵，正在情意的表達與儀節的分寸之中體現。第三節，孔子所說「未知生，焉知死」，意味著正視生命的價値才能理解死亡的意義；換言之，對生命有生生不息的領會，才能使死亡有其尊嚴。生命的價値，正在於對仁道與眞理的體會和實踐。

我們可由孔子面對生死的智慧，省視孔子一生的生命歷程，並藉由閱讀孔門師生任重道遠的自我期許，讓個人有限的生命，融入歷史文化的長流，進而昇華、回歸於宇宙生生不息的創造。其中，孔門師生所留下的《論語》一書，它所承載的眞理與智慧，它所開創的儒家價值體系，成爲中國文化的主流，影響至韓國、日本、越南等東亞各國，可說是東亞文化的活水源頭，人類文明的碩果。

第一節　面對生命的有限

選文與註釋

(1)**伯牛①有疾②，子問③之，自牖執其手，曰：「亡之④，命⑤矣夫！斯人也而有斯疾也！斯人也而有斯疾也！」**（〈雍也〉八）

①**伯牛**：孔子弟子，冉耕，字伯牛。

②**疾**：重病。

③**問**：探望。

④**亡之**：亡，音「吳」，通「無」。亡之，亦即「無他」，沒有別的原因。

⑤**命**：命運。在此指生命的限制。

【語譯】（孔門四科德性科的代表弟子之一）冉耕（字伯牛）患了重病，孔子探望他，從窗口牽著他的手，感嘆著說：「沒有其他原因，真是命運捉弄啊！這樣好的人，卻得了這樣的病！這樣好的人，卻得了這樣的病！」

(2)**子疾病，子路請禱①。子曰：「有諸？」子路對曰：「有之。〈誄〉②曰：『禱爾③於上下神祇④。』」子曰：「丘之禱久矣。」**（〈述而〉三五）

①**請禱**：請代禱於鬼神，以求病癒。

②**誄**：音「磊」，向鬼神祈禱的文辭。

③**爾**：您。

④**上下神祇**：上下指天地，天神地祇。

【語譯】孔子生重病時，子路請代禱於鬼神，以求老師病癒。孔子病癒後問子路：「你真的做了這件事嗎？」子路回答說：「有的。我向鬼神祈禱：『請天地神祇能保佑您！』」孔子說：「（如果如此）那我孔丘自己的禱告也已經很久了。」

(3)**子畏於匡，顏淵後①。子曰：「吾以女為死矣。」曰：「子在，回何敢死②？」**

（〈先進〉二二）

①**後**：後至。

②**何敢死**：怎麼敢先死？

【語譯】孔子在匡邑對於意圖加害自己的匡人有戒心，而顏淵後至。孔子說：「我還以為你已經死了。」顏回說：「夫子還在，我顏回怎敢輕易犧牲生命呢？」

(4)**子曰：「予欲無言。」子貢曰：「子如不言，則小子①何述②焉？」子曰：「天何言哉？四時行焉，百物生焉，天何言哉？」（〈陽貨〉十九）**

①**小子**：指學生。

②**何述**：述，遵循。何所遵循？

【語譯】孔子說：「我很想什麼都不說啊！」子貢說：「您若不說，那我們要如何遵循呢？」孔子說：「上天說了什麼嗎？但是四季照樣運行，而百物依然滋生，上天又說了什麼嗎？」

文意解析

每個人的生命，都訴說著不同的故事。有高潮，也有低潮；有歡笑，也有痛苦；有希望，也有失望。從自然生命的現象來看，生、老、病、死無可迴避，尤其，在罹患致命的疾病時，總讓人感到無助與恐懼。這時候，我們不得不面對生命的有限。

第一則選文，孔子探問罹患惡疾的冉伯牛，隔著小窗，緊握他的手，留下了一幅令人動容的畫面。冉伯牛與顏淵、閔子騫一樣，在孔門中以德行見稱，他卻罹患重病，無法醫治。孔子前往探問，與之訣別。他對著伯牛發出了喟嘆：「沒有特別的原因，這就是命吧！這樣好的人，竟然生這樣的病啊！這樣好的人，竟然生這樣的病啊！」這樣深深的嘆息，蘊含了孔子對伯牛德行的肯定，也顯示孔子感受到生命的有限這一事實。此客觀的限制，孔子稱之爲「命」。一般人總認爲有德者必有福，所謂「好心有好報」。面對德、福不一致時，常人的反應是怨天尤人，但孔子卻是「不怨天，不尤人」，因爲實踐仁德，關懷他人，正是人之所以爲人的尊嚴與高貴，動機不是爲了求福報。伯牛雖得惡疾，但在德行上，他已交出亮麗的成績單。

同樣地，在第二則選文，因師生情深，當孔子病重時，子路憂心忡忡，便私自代孔子向鬼神祈禱，希望老師早日痊癒。孔子得知此消息後，向子路查證。子路證實此事，並將禱辭的內容念給孔子聽。面對子路如此深切之至情，孔子不忍心責備，但這樣的做法實在不是孔子所願。因此，孔子很含蓄地說：「其實，我長久以來一直向上天眞誠祈禱。」言下之意，實踐仁德，回應上天賦予的使命，猶如不斷向上天祈禱，子路實在不必要在孔子病痛時，特別爲他求福。反求諸己、俯仰無愧於天地，保持內心的寧靜與平和，才能眞正放下對疾病和死亡的恐懼。

在第三則選文，孔子與諸弟子被匡人所包圍。解圍之後，弟子失散，顏淵最後才到，與孔子重聚。師生經此生死交關的險境後，孔子驚喜交集地說：「我以爲你已經死了！」顏淵面對夫子的掛念，也眞情吐露：「老師在，回哪敢先老師而輕易死去啊！」顏淵還要繼續跟隨孔子，實踐傳承歷史與文化的理想，所以他不會莽撞的犧牲自己。

第四則選文，既顯示孔子重視身教過於言教，又可看出孔子心中「天」的意涵。在中國文化中，「天」意味著人與萬物的根源。在孔子看來，「天」並非遙不可及，從春夏秋冬四時的運行，以及萬物的滋長繁衍，都可以領會「天」生生不息的創造性。而孔子的「學不厭，教不倦」，顏淵的「其心三月不違仁」，也都與上天之德相應，這是人人可以操之在我的努力。也因此，生命可以發光發熱，永不止息。

相關章句

(1)**子疾病，子路使門人爲臣。病閒，曰：「久矣哉！由之行詐也，無臣而爲有臣。吾誰欺？欺天乎？且予與其死於臣之手也，無寧死於二三子之手乎？且予縱不得大葬，予死於道路乎？」**（〈子罕〉十一）

【語譯】孔子生了重病，子路號召眾弟子行家臣之禮。孔子病情稍微好轉，（知道了這件事）就斥責子路說：「為何你一直進行欺騙之事呢？（我的身分）本來就不該有家臣的，卻讓弟子充當我的家臣。我要騙誰呢？騙老天嗎？何況我與其死在這種僭越禮法的行為之下，還不如死在各位弟子手中吧！再說，即使我死後不得隆重的葬禮，難道我會死在路旁嗎？」

(2)子在川上，曰：「逝者如斯夫！不舍晝夜。」（〈子罕〉十六）

【語譯】孔子站在滾滾流動的河川旁，和弟子說：「逝去的時光就如這條河川，晝夜不停止啊！」

問題與討論

(1)孔子不得不以隔離方式探望罹患重疾的冉伯牛時，試想：他內心會有恐懼、焦慮嗎？若你摯愛的親人或朋友罹患重症時，你又會採取何種「愛的行動」？

(2)顏淵為了與孔子一起實現理想而珍惜生命，你會為了什麼理想，珍惜自己的生命呢？

第二節　跨越生命的門檻

選文與註釋

(1)顏淵死。子曰：「噫！天喪①予！天喪予！」（〈先進〉八）

①**喪**：喪亡、毀滅。

【語譯】顏回過世，孔子說：「唉！上天要毀滅我啊！上天要毀滅我啊！」

(2)顏淵死，子哭之慟①。從者②曰：「子慟矣。」曰：「有慟乎？非夫人③之爲慟而誰爲？」（〈先進〉九）

①**慟**：過於悲傷。

②**從者**：跟隨的人，隨從孔子到顏淵家去弔唁的弟子。

③**夫人**：夫，音「服」，此。指顏淵。

【語譯】顏回過世了，孔子哭泣得過於傷心。跟隨前往弔唁的弟子勸孔子：「您已經哭泣得過於悲傷了。」孔子說：「我有過於悲傷嗎？如果我不是為了這個弟子而悲慟，還能為誰悲慟呢？」

(3)顏淵死，顏路①請子之車以爲之椁②。子曰：「才不才③，亦各言其子也。鯉④也死，有棺而無椁。吾不徒行⑤以爲之椁，以吾從大夫之後⑥，不可徒行也。」（〈先進〉七）

①**顏路**：顏淵父，字無繇，小孔子六歲，亦孔子弟子。
②**椁**：音「果」，外棺。
③**才不才**：無論有沒有才能。
④**鯉**：孔子的兒子，字伯魚，先顏淵卒。
⑤**徒行**：出門無車，徒步行走。
⑥**從大夫之後**：這句話是謙虛的表示自己具有大夫的身分。

【語譯】顏淵死了，他的父親顏路（因為家貧）去請孔子把自己的車賣掉，助他買一副外棺。孔子說：「才和不才雖有差異，也都是自己的兒子啊！以前我兒子鯉過世時，也只有棺而沒有外椁。我不能徒步，把車子賣掉來為他做外棺，是因為我也曾做過大夫，不能徒步行路的啊！」

(4)顏淵死，門人欲厚葬之。子曰：「不可。」門人厚葬之。子曰：「回也視予猶父也，予不得視猶子也。非我也，夫二三子①也。」（〈先進〉十）

①**夫二三子**：夫，音「服」，彼。指孔子的那些學生。

【語譯】顏回過世之後，孔門弟子因為孔子重視顏回而想厚葬他。孔子說：「（因為不合禮）不能厚葬。」門人還是厚葬了顏回。孔子說：「顏回雖然把我看成是父親一般，但我卻不能真的視他如親生兒子一樣厚葬。這不是因為我的緣故，而是你們這些學生如此而逾越了禮制啊！」

(5)曾子有疾，召門弟子曰：「啓①予足，啓予手。《詩》云：『戰戰兢兢②，如臨深淵③，

如履薄冰④。』而今而後⑤，吾知免夫⑥！小子！」（〈泰伯〉三）

①**啟**：掀，指掀開手上或腳上的衣服、被子。

②**戰戰兢兢**：戰戰，恐懼戰慄的樣子。兢兢，戒愼小心的樣子。戒懼謹愼。

③**如臨深淵**：像站在深水的邊緣，深怕墜落。

④**如履薄冰**：像踏在微薄的冰層上，深怕沉陷。

⑤**而今而後**：從今以後。

⑥**免夫**：夫，音「服」，語氣詞。免於身體毀傷的罪過了吧！

【語譯】曾子病重，臨終之前召集了門下弟子，說：「（弟子們）把被子掀開，檢視一下我的腳和手吧！《詩經》曾說：『要懷著戒慎恐懼之心，就像站在萬丈深谷之前，踏在薄冰之上一樣謹慎。』（我以此心對待我的身體髮膚），從今以後，我知道可以免於愧對自己和生我養我的父母了！你們明白了嗎？」

文意解析

孔子晚年頻遭白髮人送黑髮人的傷痛，七十歲時，他唯一的兒子孔鯉辭世；七十一歲時，與他情同父子的顏淵也短命而死；翌年，他視之如兄弟的子路，也在衛國的內亂中死了。面對最愛之人的死別，孔子的悲痛可想而知。

第一則選文，孔子得知顏淵的死亡，激動地發出最沉痛的哀嘆：「啊！眞是上天要毀滅我呀！上天要毀滅我呀！」顏淵是孔子寄望最高的學生，也是對孔子所傳的道，最能領會與實踐的人。如此朝夕相隨、情感相繫、理想相契的愛徒，竟先孔子而逝，這對孔子的生命與志業，無疑是一大重擊。孔子強烈地感受到：希望破滅了，世界崩塌了。這不就是我們面對親愛之人辭世的眞實寫照嗎？死亡，似乎帶走了一切。

《論語》中，孔子從未如此激動過。在第二則選文，隨同前去顏淵家弔唁的學生，察覺孔子哀傷過度，逾越常禮，提醒他節哀。孔子這才回神，喃喃自語：「我眞的過度哀傷了嗎？」隨即又眞情流露地說：「我不爲這個人痛哭，又爲誰呢？」死亡，讓愛與哀痛成正比。

孔子與他的弟子，在哀傷中接受了顏淵的死亡，他們也藉由喪禮的安排，治癒哀傷，與死者的生命重新連結。第三、四則選文，可以看出孔子與其他學生對於顏淵喪禮的安排有不同的看法。顏淵的父親顏路，也是孔子的學生，他深知孔子對顏淵特別喜愛，請求孔子把車賣了，好替顏淵製作外棺。孔子因自己爲魯國大夫，按禮大夫必須乘車，而沒有答應。孔子不贊成逾越財力的厚葬，即使孔鯉之喪，也無外棺。而且，顏淵德行修養之可貴，就在於「一簞食，一瓢飲，在陋巷，人不堪其憂，回也不改其樂」（〈雍也〉九）。厚葬顏淵，反而不能符合顏淵的心意。但是，孔子深知：在血緣與倫理上，顏路對顏淵的喪禮有主導權；其他學生因爲與顏淵情誼深厚，想厚葬顏淵的心情也無可厚非。孔子雖然有不同的看法，卻也無法阻止。孔子只想表明，喪禮應該以表現對亡者的哀戚思念爲主，而非鋪張的形式。從顏淵之死與其喪禮的舉辦，我們深切體認到：生與死，都有其尊嚴。

第五則選文，從曾子的臨終之言，體現死亡與生命的尊嚴，成爲「愼終」、「正終」的典範。對以進德修業自許的君子來說，死亡的意義，在於生命的完成。曾子臨終前，召集弟子說：「掀開我的被子與衣服，看看我的腳與手吧！」並引用《詩經》「戰戰兢兢」的詩句，以莊嚴的態度表達一生珍惜自己身體、尊重自己生命的努力。

相關章句

(1)林放問禮之本。子曰：「大哉問！禮，與其奢也，寧儉；喪，與其易也，寧戚。」（〈八佾〉四）

【語譯】林放問孔子禮的核心精神為何？孔子說：「這是個重大的問題啊！（行禮的重點是讓對方感受到誠意，真實把握禮的本質）。例如在交際往來時，與其饋贈珍貴的禮品，不如儉樸而有誠意；舉行喪禮時，與其把重點放在隆重的治喪儀式，不如讓親友盡心表達對死者的哀戚之心，更能接近喪禮的本質。」

問題與討論

(1)子曰：「喪，與其易也，寧戚。」在四則選文中孔子對顏淵之死的反應，如何體現這句話？

(2)古今中外，不同宗教信仰與價值信念，衍生出喪禮的內涵與形式。如果把喪禮視為人生最後的告別，你想舉辦一場生前告別式嗎？你會邀請哪些人參加？你會如何設計與安排？

第三節　追求生命的尊嚴與傳承

選文與註釋

(1)子不語①：怪②、力③、亂④、神⑤。（〈述而〉二十）

①**語**：談論。
②**怪**：怪異。
③**力**：勇力。
④**亂**：悖亂。
⑤**神**：鬼神。

【語譯】孔子不談論有關於怪異、暴力、悖亂和鬼神之事。

(2)季路問事①鬼神。子曰：「未能事人，焉②能事鬼？」敢問③死？曰：「未知生，焉知死？」（〈先進〉十二）

①**事**：事奉。
②**焉**：怎麼？
③**敢問**：請問。

【語譯】子路問孔子祭祀與事奉鬼神之道。孔子說：「我們生前若不能把人間的事情處理好，哪裏有餘暇去談事奉鬼神？」子路又請教死後的世界。孔子說：「如果人們還沒有瞭解生前的世界，如何能預知死後的世界呢？」

(3)子曰：「朝聞道，夕死可矣。」（〈里仁〉八）

【語譯】孔子說：「如果一個人早上體悟了至道，就算晚上過世也不枉此生了。」

(4)**子曰：「志士仁人，無求生以害仁①，有殺身以成仁②。」（〈衛靈公〉八）**

①**求生以害仁**：爲苟且活命而拋棄操守，損害仁道。

②**殺身以成仁**：犧牲生命以成就仁道。

【語譯】孔子說：「有志於行仁的人，從來沒有因為求生存而拋棄操守損害仁道的，只有犧牲生命來成就仁德。」

(5)**曾子曰：「士不可以不弘毅①，任重而道遠。仁以爲己任，不亦重乎！死而後已，不亦遠乎！」（〈泰伯〉七）**

①**弘毅**：弘，大，在此指以仁爲己任。毅，剛毅堅忍，在此指死而後已。

【語譯】曾子說：「一位士人的心胸不可以不弘大堅毅，他一生所擔負的責任很重，而要走的道路很遠。因為他把行仁當成自己的責任，這不也是沉重的負荷嗎？一直要到死才能把責任放下，不也是很遠的路程嗎？」

文意解析

作爲一位智慧的實踐者，孔子深知生命與死亡是一體的兩面，都具有莊嚴的意義。雖然人們對於死後世界不免揣測，有所關懷；但孔子更導引學生思考：如果我們不曾好好的、認眞的活過一生，就無法理解死亡的意義。

從第⑴⑵兩則的選文來看，孔子對於學生的教導是「下學上達」、「知之爲知之，不知爲不知，是知也」。因此，孔子平日教導學生，談論可以理解的世界，不談論怪異的世界；強調道德的實踐，不訴諸勇力的攫取；申論治理之道，而不著眼於悖亂之事；著重可見的人倫世界，而不揣測不可知的鬼神世界。因此，他不正面回答子路如何事奉鬼神，而是引導子路將精神用心與思考的方向，轉回對生命自身的關注，人倫日用的實踐。同樣地，針對子路對於死亡的探問，孔子也從生命的價值創造來回應。

對孔門師生而言，生命的尊嚴與價值，就體現在對於「道」的追求與實踐。「道」若按字面意義是指道路。但孔子所說的「道」，更意味著人人可行的大道，既包含以「仁」爲主而體現於人倫世界、歷史文化傳統的「人道」，也包含就生生不息的創造而言的「天道」，用現代的詞語來說，就意味著「眞理」。我們有限的生命，就在對眞理的追求與傳承中，彰顯出無限的價值。死亡並不可怕，重要的是要活出生命的價值與意義。第三則選文提醒我們：眞理超越時空的限制，只要我們能眞正體悟眞理，即使死亡猝然來臨，也不枉活。由此可見，有超越於身體死亡之上更高的價值，這就是孔子所教誨的「仁」。所以在第四則選文中，孔子指出：志士仁人，並不會只爲求生命的安全而妨害仁德的實踐；相反的，卻能犧牲生命而成就仁德。這就是生命的尊嚴與傳承。

然而實現生命的尊嚴與傳承之路，需要透過一生的堅持與努力。在第五則選文中，曾子就體認到生命的過程，與其說是「由生而死」的變化過程，不如說是「由始而終」的成德過程。在這實踐仁德的生命之旅中，每一步都是珍貴的，每一程都需要傳承，而且必須堅持至生命的終點。如同上天的生生之德，儒者的小我也得以融入大我，代代相傳，最後匯聚成歷史文化生命的長河，使個人有限的生命得到永恆的安頓。薪盡火傳，不知其盡也。這眞是要窮盡一生的努力，才能達到的理想。因此，曾子體認到：一個有志之士，必須有以仁爲己任的宏大抱負，死而後已的堅忍意志，才能擔當此重責大任。

問題與討論

(1)從「子路問事鬼神」一章來看，面對死亡問題，孔子有迴避嗎？討論看看。

(2)你讀《論語》，印象最深刻的篇章有哪些？為什麼？

中華文化基本讀本—論語

編著者／孫文學校
出版者／孫文學校
發行人／張亞中
總編輯／閻富萍
地　　址／台北市萬芳路 60-19 號 6 樓
電　　話／(02)26647780
傳　　真／(02)26647633
E-mail／service@ycrc.com.tw
網　　址／www.ycrc.com.tw
ISBN／978-986-97019-1-4
初版一刷／2018 年 12 月
定　　價／新台幣 300 元

總經銷／揚智文化事業股份有限公司
地　　址／新北市深坑區北深路三段 260 號 8 樓
電　　話／(02)86626826
傳　　真／(02)26647633

國家圖書館出版品預行編目（CIP）資料

中華文化基本讀本：論語 / 孫文學校編著. --
初版. -- 臺北市 : 孫文學校, 2018.12
面； 公分

ISBN 978-986-97019-1-4(平裝)

1.論語 2.注釋

121.222 107021055